融聚成长力：幼儿园五位一体教育管理新探

陈　霞　著

天津出版传媒集团

天津人民出版社

图书在版编目（CIP）数据

融聚成长力：幼儿园五位一体教育管理新探 / 陈霞
著 . -- 天津：天津人民出版社，2025. 6. -- ISBN 978-
7-201-21310-1

Ⅰ . G617

中国国家版本馆 CIP 数据核字第 2025D0K092 号

融聚成长力：幼儿园五位一体教育管理新探
RONGJU CHENGCHANG LI : YOUERYUAN WUWEIYITI JIAOYU GUANLI XINTAN

出　　版　天津人民出版社
出 版 人　刘锦泉
地　　址　天津市和平区西康路 35 号康岳大厦
邮政编码　300051
邮购电话　（022）23332469
电子信箱　reader@tjrmcbs.com

责任编辑　郭晓雪
整体策划　木　子
装帧设计　段振茹

印　　刷　武汉鑫佳捷印务有限公司
经　　销　新华书店
开　　本　710 毫米 ×1000 毫米　1/16
印　　张　13.75
字　　数　230 千字
版次印次　2025 年 6 月第 1 版　2025 年 6 月第 1 次印刷
定　　价　78.00 元

前　言

在过去的 15 年里，我们的幼儿园经历了许多挑战、变革和机遇，幼教人不断探索、实践、创新，逐步形成了独特的幼儿园教育管理理念和方法。今天，我们愿意收集、整理，并将这些经验和理念分享给更多的幼儿园和教师，希望能为学前教育的发展做出一份贡献。

本书的重点是介绍在办中国式现代化幼儿园的愿景下，幼儿园教育管理的五位一体——人、事、物、时、空。我们将从专业到管理到教学特色，全面阐述这五个方面的内容。我们相信，只有深入理解并有效运用这五位一体的理念和方法，才能真正提升幼儿园的教育质量和管理水平。

在本书中，我们重点讲人的管理，创造性思维培养，制度管理，计划制定以及以爱育爱，公益培训其他人等主题。这些都是我们在 15 年的发展历程中不断摸索和总结出来的经验，是我们对幼儿园教育管理的深刻理解。我们希望通过分享这些经验，能够帮助其他幼儿园和教师更好地理解和实践幼儿园教育管理。

回顾过去，中国幼教取得了许多成就，也经历了许多困难。但是，正是这些挑战和困难，促使我们不断进步，不断探索，不断创新。我们相信，只有坚持这样的精神，我们才能为幼儿提供更好的教育环境，为学前教育的发展做出更大的贡献。

让我们一起，以五位一体为核心，共同为幼儿园教育管理的发展努力，为幼儿的成长和发展贡献我们的智慧和力量。

序："中国式现代化幼儿园"的理念与实践

一、教育的未来与中国的回应

在这片充满活力与希望的土地上，教育承载着塑造未来的重要使命。作为新时代的教育工作者，我们既要把握全球化带来的机遇与挑战，更要坚守本土文化的根脉，致力于构建既符合中国国情又具有全球视野的现代化教育体系。《爱与专业：构建中国式现代化幼儿园的五位一体实践》正是在这样的背景下诞生，旨在深入探讨中国式现代化幼儿园的内涵、实践路径与未来展望，为学前教育领域提供一份集思想性、系统性、逻辑性、成长性与迭代性于一体的指导性文献。

在 21 世纪的全球教育版图中，中国的学前教育正经历着前所未有的变革与创新。随着社会经济的迅速发展与国际化进程的加速，对高质量、具有中国特色的现代化教育体系的需求日益迫切。本书《爱与专业：构建中国式现代化幼儿园的五位一体实践》旨在填补现有教育理论与实践的空白，为中国乃至全球的学前教育提供独特的视角与深度洞见。

在过去的 15 年里，陈霞老师以"办中国式幼儿园"的旗帜为引领，积极探索和实践现代化幼儿园的管理与教育模式。这段旅程充满了挑战、变革和机遇，见证了教育理念的深化、教学方法的创新以及管理系统的不断完善。如今，她愿意将自己的经验与思考分享给更广泛的教育界，希望通过本书，能够激发更多同行的共鸣与启发，共同推动学前教育的发展。

本书聚焦于"五位一体"管理理念在幼儿园中的应用，即人、事、时、空的综合管理。通过深入剖析这五个维度，旨在为幼儿园教育管理提供全面、系统的解决方案。从人的管理到创造性思维的培养，从制度管理到计划制定，再到以爱育爱、公益培训他人的实践，本书汇集了作者15年来的宝贵经验和深入思考。

在本书中，读者将跟随作者的脚步，一同探索如何将五位一体的管理理念转化为实际操作，如何在幼儿园教育中融入中国传统文化与现代教育理念，如何构建一个既面向未来又根植于本土的文化氛围。本书不仅是一份教育实践的指南，更是对教育者责任与使命的深刻反思。

回顾过去，中国幼教领域取得了显著成就，同时也面临着诸多挑战。但正是这些挑战与机遇并存的时刻，激励着教育者们不断前进，勇于探索，不断创新。本书坚信，唯有坚持追求卓越、勇于改革的精神，才能为幼儿提供更加优质的教育环境，为学前教育的未来注入更多的活力与可能性。

（一）中国式现代化幼儿园的定义与特色

中国式现代化幼儿园，作为中国教育体系中的一个崭新概念，旨在融合西方现代教育理念与中国传统文化精髓，形成既面向全球又扎根本土的独特教育模式。它不仅仅追求教育设施与技术的现代化，更注重教育理念、课程设计、教学方法、师资培养与管理机制等多方面的创新与优化，旨在培养具有深厚中华文化根基、全面发展的未来公民。

（二）核心理念与全球化背景下的重要性

中国式现代化幼儿园的核心理念是"爱与专业"。这里的"爱"指的是对每一个孩子的深切关怀与尊重，强调教育者以爱心为基础，营造温馨、包容的教育环境；"专业"则强调教育者需具备深厚的专业知识、精湛的教学技艺与高度的责任感，致力于提供高质量的教育服务。这种理念在全球化背景下尤为重要，因为它不仅能够帮助孩子在全球化的环境中自信、从容地成长，还能够在多元文化的碰撞中传承与弘扬中华优秀传统文化，增强民族自豪感与文化自信。

（三）独树一帜的教育实践

与其他幼教学派相比，中国式现代化幼儿园强调的是将现代教育理念与中国传统文化相结合的实践探索。它注重培养孩子的创新思维、批判性思考、社会交往能力与道德伦理意识，同时也重视艺术审美、自然探索、科技素养等多方面能力的培养。通过整合性的课程设计、多样化的教学活动与丰富的实践活动，中国式现代化幼儿园致力于为孩子创造一个既能激发潜能、又能滋养心灵的学习环境。

（四）目标与展望

本书旨在通过深入分析中国式现代化幼儿园的理论基础、实践策略与未来发展趋势，为教育实践者、政策制定者、研究人员与广大家长提供宝贵参考。它不仅关注教育过程中的"爱与专业"，还探讨如何在实践中实现教育目标的升级，即从张扬个性、扩撒思维、规范行为，到更加注重完善人格、培养创造性思维，最终实现烙印中华、面向未来的培养目标。通过本书，我们期待能够激发更多教育创新，促进中国学前教育的现代化进程，为培养能够适应未来社会、具有全球视野与本土智慧的下一代奠定坚实基础。

二、开启中国式现代化幼儿园的新篇章

随着本书的展开，我们将共同探索中国式现代化幼儿园的奥秘，领略其中蕴含的教育智慧与实践经验。这不仅是一次对中国教育传统与现代性的深刻反思，也是对未来教育模式的一次大胆尝试与创新。我们相信，通过本书的深入研究与实践应用，中国式现代化幼儿园将为中国乃至全球的学前教育带来新的生机与活力，为培养未来世界的建设者与领导者贡献独特价值。

目录 CONTENTS

第一章　中国式现代化幼儿园

第一节　中国式现代化幼儿园的定义与特色

一、现代化幼儿园的基本概念

中国式现代化幼儿园，是指在遵循现代化教育理念的基础上，充分融合中华传统文化精髓，致力于培养具有全球视野、深厚文化底蕴、勇于创新、善于合作的未来公民的教育机构。它不单纯是硬件设施的现代化，还在于教育理念、课程设置、师资培养、管理机制等全方位的现代化转型与创新。

二、中国语境下，现代化幼儿园的独特之处

中国式现代化幼儿园的特色体现在以下几个方面：

（一）文化融合

在保持中国传统文化传承的同时，引入国际先进的教育理念和技术，形成独特的教育生态。

1.整合传统文化与现代教育理念

在幼儿园的教育活动中，融合中国传统文化元素与国际先进的教育理念，如以"仁、义、礼、智、信"等儒家核心价值观为基础，结合蒙台梭利、瑞吉欧等国际知名教育理论，形成既具有中国传统文化底蕴又符合现代教育需求的教育模式。

2.课程内容的民族化

幼儿园课程中融入中国历史、地理、民俗、艺术、文学等内容，如开设国学启蒙、传统手工艺制作、传统节日庆典等课程，让孩子在日常生活中接

触和学习传统文化。

组织春节、中秋节、端午节等传统节日的庆祝活动，让孩子亲身体验和感受传统文化的魅力，同时增强民族自豪感和文化归属感。

在现代化的教育框架下，融合中国传统文化元素，如国学经典、传统艺术、礼仪教育等，让孩子在学习现代知识的同时，了解和继承中华优秀传统文化。

3. 丰富语言环境

丰富幼儿园语言环境是促进幼儿语言能力发展的关键，其核心在于创设多元、互动、浸润式的语言学习场景。在幼儿园鼓励使用普通话和方言双语教学，不仅帮助孩子掌握国家通用语言，也让他们能够亲近和了解家乡的语言文化，增强文化认同感。

具体可以从环境创设、活动设计着手。比如在班级物品（如玩具柜、水杯架）上设置"图＋文"标签（如"积木区""我的小水杯"），字体大且色彩鲜明，利用沉浸式文字环境，引导幼儿建立图文对应意识。还可以设置话筒和背景板，鼓励幼儿分享周末见闻（如"我和妈妈去动物园看到了……"），教师用图文结合方式记录成"班级日报"。

4. 艺术与审美教育

通过中国传统艺术形式如国画、书法、京剧、昆曲等，现代艺术如音乐、舞蹈、戏剧表演等，培养孩子的审美能力和艺术创造力，促进其全面发展。

5. 家庭教育与社区参与

鼓励家长参与幼儿园的传统文化教育活动，如亲子国学班、传统节日家庭活动等，同时与社区合作，举办文化展览、工作坊等，促进家庭与社区对传统文化的共同传承。

6. 师资培训与专业发展

定期对教师进行传统文化知识培训，提升教师的文化素养和教育能力，同时鼓励教师研究和开发具有中国特色的教育课程和活动。

提升幼儿园教师文化素养的培训需构建系统性、实践性、可持续的培养体系，将文化认知转化为教育行动力。

7. 跨文化教育

在幼儿园中推广多元文化教育，让孩子从小学会尊重不同文化背景的人，培养全球视野和跨文化交流能力，为未来成为全球公民做好准备。

通过上述措施，中国式现代化幼儿园在追求现代化教育的同时，成功地融入了丰富的民族文化元素，形成了具有中国特色、面向未来的教育体系。

（二）以人为本

幼儿园教育中"以人为本"的核心理念强调以儿童为中心，尊重其发展规律、个体差异和内在需求，通过创设支持性环境促进其全面发展。在全球化背景下，结合中国传统文化精髓与现代教育理论，致力于构建一个以儿童为中心、兼顾个人发展与社会需求的教育体系。

1. 尊重个体差异

每个孩子都是独一无二的个体，幼儿园注重观察和了解每个孩子的个性特点、兴趣爱好和发展需要，提供个性化教育方案，尊重他们的成长节奏，鼓励他们以自己的方式学习和探索世界。

教师通过持续观察记录每个孩子的兴趣、能力和发展节奏，如使用"学习故事"法捕捉幼儿的"哇时刻"，而非统一标准衡量所有儿童。比如，针对语言发展较慢的幼儿，设计非语言表达活动（如绘画、肢体游戏），避免机械纠正发音。

2. 全人教育

不仅关注孩子的智力发展，更重视情感、社交、身体和道德等方面的全面发展。

可赋予儿童自主性与决策权。比如环境中的自由选择，一日流程中设置多个自选时段，如进餐时允许决定用餐顺序，区域活动时自主选择玩伴和材料。儿童也可参与规则制定，通过班会讨论共同制定班级公约，如"轻轻走路"取代"禁止跑跳"，让幼儿理解规则的意义而非被动服从。

通过多样化的活动和课程，促进孩子在身心灵各方面均衡成长。

3. 情感支持

脑科学研究表明，稳定的情感联结能促进幼儿前额叶皮层发育，提升情绪调节能力。所以，幼儿园应提供温暖、安全和包容的环境，通过积极的师生互动，满足孩子的情感需求，培养他们的安全感、自尊心和归属感。比如，采用"关键人照护"模式，每位教师固定负责少数幼儿，通过晨间拥抱、午睡陪伴等建立安全依恋。

4. 创新与实践

鼓励孩子的好奇心和探索精神，通过项目式学习、实验操作和创意活动，培养孩子的创新思维和实践能力。

比如打造"可破坏"的创客空间，设置"百变材料站"，提供低结构材料（如纸箱、木片、瓶盖、布料），允许幼儿自由组合。中班幼儿用吸管和橡皮泥搭建"未来城市"，探索结构与平衡。

5. 社会责任

教育孩子从小树立正确的价值观和责任感，通过参与社区服务、环保活动等，培养孩子对社会的关心和贡献意识。在教育过程中融入环保理念，提倡低碳生活、资源节约，培养孩子成为有责任感的未来公民。

通过这些具体实践，中国式现代化幼儿园的"以人为本"理念不仅关注孩子的当下成长，更着眼其长远发展，旨在培养出有知识、有能力、有爱心、有责任感的未来社会成员。

（三）创新引领

幼儿园教学创新理念的构建需打破传统"知识传授"模式，转向以儿童为中心、问题为导向、跨学科整合的深度学习。鼓励探索与创新，培养孩子的批判性思维、创造力和解决问题的能力。

1. 教育理念的革新

跨学科整合：打破传统学科界限，将不同学科知识融合，如科学、艺术、语言等，通过项目式学习的方式，激发孩子综合运用知识解决问题的能力。

情境化学习：创造真实情境，让孩子在模拟环境中解决实际问题，如模拟市场交易、角色扮演游戏等，培养他们在复杂情境下的决策和解决问题能力。

2. 创新教学方法

探究式学习：鼓励孩子通过提问、实验、观察等方法主动探索知识，培养好奇心和求知欲。

问题导向教学：围绕特定问题展开教学，引导孩子提出假设、设计实验、分析数据、得出结论，增强解决问题的能力。

创造性思维训练：通过艺术创作、思维导图、故事编写等活动，培养孩子的想象力和创新能力。

3. 技术融合与应用

数字化工具：利用智能平板、编程机器人、VR/AR 技术等，提供沉浸式学习体验，增强孩子对新技术的兴趣和应用能力。

在线学习平台：开发或引入在线教育资源，支持远程学习和自主探索，拓展孩子的学习空间。

4. 社会与情感发展

合作学习：通过小组项目、团队游戏等形式，培养孩子的合作精神和社交技巧，同时学习如何倾听他人意见、表达自己观点。

情绪管理：教授孩子识别、表达和调节情绪的方法，增强自我意识和情感智能，为解决问题提供心理基础。

5. 家园共育与社区参与

家长参与：邀请家长参与教学活动，共同讨论教育理念，形成教育合力，支持孩子在家中的学习和探索。

社区资源：与社区合作，利用图书馆、博物馆、科技馆等公共设施，为孩子提供更多实践和学习的机会，增强社会参与感。

6. 评价与反馈机制

多元化评价：采用多种评价方式，如自我评价、同伴评价、教师评价等，注重过程评价而非仅关注结果，鼓励孩子自我反思和改进。

即时反馈：提供及时、具体的反馈，帮助孩子理解自己的表现，明确改进方向，激发持续学习的动力。

通过这些方面的创新引领，中国式现代化幼儿园不仅为孩子提供了一个充满探索与发现的学习环境，还致力于培养他们成为具备批判性思维、创造力和解决问题能力的未来公民。

（四）家园共育

家园共育是一个旨在强化家庭与幼儿园之间合作关系，共同为孩子创造一个全方位、协同式教育环境的概念。这一模式强调家庭与幼儿园之间的紧密合作，形成一种教育同盟，旨在共同促进孩子的身心健康、全面发展以及个性成长。以下是实现家园共育的一些关键点：

1. 共享教育理念

幼儿园和家庭需建立共识，共同遵循现代化教育理念，包括但不限于尊重儿童主体性、促进自主学习、培养批判性思维和创新能力等。

2. 定期沟通交流

通过家长会、开放日、微信群等渠道，定期分享孩子的学习进展、行为习惯以及成长故事，同时也向家长传达幼儿园的教学计划、活动安排和教育理念，增进相互理解与支持。

3. 共同参与活动

幼儿园可以组织家长参与的活动，如亲子工作坊、户外探险、文化节日庆祝等，这不仅能增进家长与孩子之间的亲子关系，也能加深家长对幼儿园教育理念的理解与认同。

4. 家庭教育指导

幼儿园可以提供家庭教育的指导和支持，通过工作坊、讲座、书籍推荐等形式，帮助家长学习科学育儿知识，提高家庭教育的质量。

5. 资源共享与合作

鼓励家长与幼儿园共享资源，比如家长可以分享自己的专长，参与教学活动，或者提供家庭背景知识的分享，丰富幼儿园的教学内容。

6. 个性化支持

针对个别孩子的特殊需求，幼儿园与家庭可以共同制定个性化教育计划，通过双方的努力，为孩子提供更加精准和有效的支持。

7. 反馈与评估

建立有效的反馈机制，让家长及时了解孩子在幼儿园的表现，同时也让幼儿园了解家长的期望和需求，共同调整和优化教育策略。

通过这些措施，中国式现代化幼儿园的家园共育模式不仅增强了家庭与幼儿园之间的联系，还促进了教育的连续性和一致性，为孩子的全面发展提供了强有力的支持。

（五）可持续发展

注重环保与资源的有效利用，倡导绿色教育，培养孩子的社会责任感。

1. 绿色环境的营造

幼儿园内部环境的设计和布置要考虑到节能减排和环保原则，如使用可再生能源、绿色建材、节水节能设备等。此外，通过种植花草树木、设置垃圾分类回收站，创建自然角等方式，让孩子们直接接触自然，了解环保的重要性。

2. 绿色教育的实施

在课程设计中融入环保教育元素，如通过科学课讲解气候变化、生物多样性保护等知识；通过艺术课创作环保主题的手工作品；通过社会课讨论垃圾分类、节约用水等日常生活中的环保行动。此外，可以开展"绿色小卫士"主题活动，让孩子们参与到环保实践活动中来，如清理公园垃圾、参与植树造林等。

3. 资源的有效利用

鼓励孩子们在日常生活中节约资源，如减少使用一次性物品、循环利用旧物、合理分配食物等。幼儿园可以通过设立"资源回收站"、举办"二手物品交换日"等活动，提高孩子们对资源再利用的认识。

4. 培养环保意识与责任感

通过故事讲述、角色扮演、实地考察等形式，激发孩子们对环保问题的兴趣和好奇心，引导他们思考如何在日常生活中实践环保行为。同时，教育孩子们认识到每个人都是地球的守护者，自己的行为对环境有着深远的影响，从而培养起强烈的社会责任感。

5. 家长与社区的参与

幼儿园可以邀请家长参与环保教育活动，如共同策划绿色节日、组织家庭环保挑战赛等，以此增强家庭的环保意识。此外，与社区合作，开展环保教育工作坊、社区清洁日等活动，形成更广泛的社会影响力。

6. 持续监测与评估

定期评估幼儿园的环保实践效果，包括能源消耗、废弃物处理、资源利用率等指标，以便及时调整和优化环保措施。同时，通过家长反馈、孩子参与度调查等方式，了解教育成效，不断改进教育方法。

通过这些措施，中国式现代化幼儿园不仅为孩子们提供了一个绿色、健康的成长环境，还通过教育引导他们成为有环保意识、有社会责任感的未来公民。

第二节　爱与专业筑梦未来

从"让爱更多一点"到"爱与专业筑梦未来"，幼儿园理念的演变反映了中国式现代化幼儿园在实践中对教育本质的深刻理解与追求。爱，不仅是情感的表达，还是教育的灵魂，是激发孩子内在动力的关键。专业，则意味着对教育事业的尊重与投入，是对教育规律的深刻认识与实践。

一、背景与演变

在幼儿园教育理念的发展历程中，"让爱更多一点"到"爱与专业筑梦未来"的转变，不仅是口号的升级，也是教育价值观与实践方式的一次深刻进化。这一演变反映了教育者对于儿童发展、教育目的以及自身角色定位的深刻思考与实践创新。

（一）"让爱更多一点"的理念

"让爱更多一点"作为幼儿教育理念的提出，其背景与中国当代社会变迁、教育观念转型以及儿童成长需求的演变密切相关。

一是独生子女政策的影响。过去几十年独生子女家庭的普遍化，导致部分儿童在成长过程中面临过度保护或情感孤独的双重矛盾，家庭对"高质量陪伴"的需求凸显。二是城市化与家庭代际分离。父母因工作压力迁移、留守儿童问题，以及隔代抚养中情感教育的缺失，使得幼儿情感需求被社会广泛关注。三是是竞争焦虑的早龄化。应试教育压力下移至幼儿阶段，部分早教机构过度强调知识灌输，忽视了情感与社会性发展，引发教育反思。

同时家校共育诉求升级，新一代家长对幼儿园的角色期待从"看护"转向"情感支持"，促使机构将"爱"作为差异化发展的核心价值。

"让爱更多一点"并非简单的情感表达，而是系统性的教育设计：要求教师具备观察儿童、回应情感需求的技能；关注特殊儿童、弱势群体在集体中的情感融入；在快速现代化进程中守护儿童的情感体验，对抗功利主义侵蚀。

"让爱更多一点"的理念侧重于情感层面，强调幼儿园教育中应充满关怀、温暖与情感连接。它关注儿童的心理需求，鼓励教师以爱心、耐心与同理心去理解和接纳每一个孩子，旨在营造一个安全、温馨、充满爱的教育环境。这一理念的提出，旨在弥补传统教育可能忽视的情感维度，强调情感教育在儿童成长过程中的重要性。

但是家长如果只是爱自己的孩子，那是连老母鸡都会做的事情，所以家庭教育中需要爱，还需要有智慧的专业的爱。对于教师而言，我们强调把母爱放大到靠近身边的每一个孩子身上，同时，更要有专业的爱引领孩子成长。

（二）"爱与专业筑梦未来"的理念

随着教育实践的深入与社会对高质量教育的期待提高，"爱与专业筑梦未来"的理念应运而生。

这一理念的产生有着深刻的社会背景。随着"三孩政策"开放与中产家庭比例上升，家长对早期教育的期待从"基础养育"转向"科学化、个性化培养"，既要求情感关怀，又强调能力奠基。城市化进程中，高知家长群体对幼儿园的认知从"托管场所"升级为"终身学习起点"，推动教育理念向"专业赋能"倾斜。

另外，人工智能时代对创造力、情商与跨学科能力的要求，促使学前教育需提前布局"未来适应性"。"筑梦未来"呼应国家"创新驱动发展"战略，试图通过幼儿期启蒙培养解决问题的思维习惯。

数字化教育工具普及背景下，"爱"成为抵御技术异化的伦理锚点，强调教师不可替代的情感联结作用。"专业"则体现为对智能教具的理性运用，避免技术滥用对幼儿发展的干扰。

这一理念的诞生，标志着中国学前教育从"规模覆盖"到"内涵式发展"、从"标准化供给"到"精准化服务"的深层转型，是社会发展、政策演进、文化重构与教育科学化进程共同作用的结果。

"爱与专业筑梦未来"不仅强调了情感的投入，还突出了专业性与目标导向性。我们认为，教育不仅仅是传递知识，而是培养个体的全面发展，包括情感、认知、社会性等多个方面。专业性体现在教师具备扎实的教育理论知识、教学技能以及对儿童发展规律的深刻理解，能够设计出既符合儿童年龄特点又具有挑战性的教育活动。

同时，这一理念强调通过教育激发儿童的潜能，帮助他们设定并追逐梦想，为未来奠定坚实的基础。

二、意义与价值

"爱与专业筑梦未来"作为幼儿园教育的核心理念，其价值与意义不仅体现在儿童个体的成长层面，还深刻影响着教育生态的优化与社会文化基因的传承。

（一）促进儿童全面发展

"爱与专业筑梦未来"理念强调了教育的全面性，不仅关注知识的传授，还重视情感、社会性、道德品质等多方面的培养，促进儿童的全面发展。

（二）提升教育者专业素养

强调专业性意味着教育者需要不断提升自身的教育理论知识、实践技能以及对儿童发展规律的洞察力，通过持续学习与专业发展，提高教育质量。

（三）激发儿童梦想与目标

通过教育激发儿童的梦想与目标，不仅能够增强他们的内在动力，还能够帮助他们建立积极的人生观与价值观，为未来的生活与职业规划打下良好基础。

（四）体现早期教育的社会价值

高质量的早期教育不仅对个体发展至关重要，也对社会整体产生积极影响，能够培养出有责任感、创新精神以及良好社会适应能力的未来公民。

"让爱更多一点"到"爱与专业筑梦未来"的转变，体现了教育理念从情感关怀到全面发展、从关注当下到着眼未来的深刻转型。这一转变丰富了教育实践的内涵，提升了教育的价值与意义，为儿童的健康成长与未来社会的可持续发展奠定了坚实的基础。

"爱与专业筑梦未来"体现了对每一个孩子的深切关怀与尊重，强调了教育者的专业素养与责任感。它倡导教育者不仅要具备深厚的知识基础，还要有敏锐的洞察力、创新的思维和高尚的职业道德，以爱为底色，以专业为基石，为孩子的未来铺就坚实的道路。

第三节　培养目标：烙印中华，面向未来

一、阐述培养目标如何融合中国传统文化与全球视野，旨在培养具备中华文化根基、适应未来世界的孩子们

（一）中国式现代化幼儿园：文化深度与全球视野的双重培育

在培养目标的精细设定中，中国式现代化幼儿园独树一帜地强调了中华文化的深度传承与勇于创新的精神，兼蓄面向全球、拥抱世界的开放视野。这一教育理念深刻体现了对文化根脉的尊重与保护，以及对未来世界发展趋势的敏锐洞察。

具体而言，幼儿园通过精心设计的课程体系，将中华文化的精髓融入日常教学之中。孩子们在朗朗上口的古诗词中感受语言的韵律美，在丰富多彩的传统节庆活动中体验文化的独特韵味，在书法、国画等传统艺术的熏陶下培养审美情趣与耐心专注的品质。这些活动加深了孩子们对中华文化的理解和热爱，也为他们打下坚实的文化根基，使他们在未来的成长道路上能够自信地展现自己的文化身份。

与此同时，中国式现代化幼儿园也积极拓展国际视野，促进东西方文化的对话与交流。通过引入国际先进的教育理念与教学方法，如项目式学习、探究式学习等，激发孩子们的好奇心与探索欲，培养他们的批判性思维与创新能力。此外，幼儿园还积极组织国际交流项目，如海外游学、文化交流节等，让孩子们有机会亲身体验不同国家和地区的文化风情，拓宽他们的国际视野，增进对不同文化的理解与尊重。

在融合传统与现代、东西方文化的过程中，中国式现代化幼儿园致力于

培养孩子们成为具有深厚文化底蕴、广阔国际视野和跨文化交流能力的未来之星。这些孩子将能够以更加开放包容的心态面对世界的多样性，以更加自信从容的姿态参与国际竞争与合作，为构建人类命运共同体贡献自己的力量。

（二）培育全球视野下的中国智慧：为构建命运共同体铺就未来之路

这样的培养目标，其深远意义远不止于塑造孩子们成为简单掌握知识与技能的学习者，而是精心培育他们成为兼具中国情怀与世界眼光的公民。我们期望这些孩子能够深刻理解并珍视自己的文化根源，将中华文明的博大精深内化于心，外化于行，成为中华文化的传承者与弘扬者。同时，他们也应具备开放包容的心态，勇于拥抱世界的多元性，理解并尊重不同文化背景下的价值观与生活方式，从而在全球化的大潮中自信地航行。

在全球化的舞台上，我们更寄望于这些孩子能够展现出独特的中国智慧与创新精神。他们应当能够运用中华文化的精髓，结合现代科技与国际视野，提出新颖独到的见解与解决方案，为解决全球性挑战贡献中国智慧。无论是科技创新、文化交流，还是环境保护、社会治理等领域，都将是他们施展才华、实现价值的广阔天地。

通过这样全面而深入的教育，我们不仅仅是在传承着中华文明的璀璨光芒，更是在为孩子们铺设一条通向未来世界的光明之路。这条路既连接着悠久的历史与深厚的文化底蕴，又指向了充满无限可能的未来。在这条路上，孩子们将学会如何以更加开放包容的心态去认识世界、理解世界，并用自己的力量去改变世界，为构建人类命运共同体贡献出不可或缺的一分力量。

（三）共筑未来：探索中国式现代化幼儿园建设的新路径

通过这一系列深入而广泛的探讨，我们旨在搭建一个开放、包容的交流平台，不仅汇聚了教育领域内的精英学者、资深教育实践者，还吸引了社会各界对幼儿教育深切关注的人士，共同聚焦于中国式现代化幼儿园建设的宏伟蓝图。我们深刻认识到，幼儿园作为孩子成长的摇篮，其教育模式的创新与发展对于塑造未来社会成员的价值观、能力与素养具有不可估量的影响。

在这一过程中，我们期望能够激发每一位参与者内心深处的热情与责任感，促使大家从理论层面深入剖析中国式现代化的核心要义，如何在幼儿教育中融入传统文化精髓与现代教育理念，既保持民族特色又不失国际视野。同时，我们也鼓励实践层面的大胆尝试与反思，探索如何通过课程创新、教学方法革新、环境创设优化等手段，构建一个既安全温馨又充满挑战与机遇的学习环境，让每一位幼儿都能在自由探索中快乐成长，全面发展。

具体而言，中国式现代化幼儿园的建设应当注重以下几个方面：一是强化师资队伍建设，提升教师的专业素养与创新能力，使其成为幼儿成长的引路人与伙伴；二是优化课程体系，结合幼儿身心发展特点，设计融合传统文化、科学素养、艺术审美、社会情感等多维度的教学内容；三是构建家园共育的良好生态，加强幼儿园与家庭、社区的紧密联系，形成教育合力，共同促进幼儿健康成长；四是运用现代信息技术手段，提升教育教学的智能化、个性化水平，为每位幼儿提供定制化的学习支持。

最终，我们希望通过这一系列的探讨与实践，能够汇聚各方智慧与力量，共同开辟出一条既符合中国国情，又彰显时代特色的现代化幼儿园建设之路。这条路将引领我们迈向更加辉煌的教育未来，为培养具有中国情怀、国际视野的未来公民奠定坚实的基础。

第四节　实践案例《教育就是人点亮人！》

分享园长如何在实践中将"爱与专业筑梦未来"的理念融入幼儿园日常。

教育就是人点亮人！

15年前，当总部派我来庆云时，一直生活工作在济南的我还不知道在山东的最北边有我们的吉祥庆云城，但我习惯于用一种积极进取的心态迎接挑战，直面人生，于是，我来了，没想到一待就是13年，虽然云天地处县城，但却有大教育的胸襟和格局。我在云天的每一天，都是充实、快乐和有意义的。云天幼儿园始建于2009年，几年时间里不断发展壮大成长为一个拥有1200多名幼儿的省级示范幼儿园，全国最具特色幼儿园.同时在2018年集团化、托幼一体化发展。

是什么，让一个幼儿园从无到有迅速发展，又是什么，让一群人为之努力奋斗矢志不渝？我想是源于国家各级政府教体局领导的关怀领导，源于两大集团的专业引领，更源于一群爱孩子、把幼儿园当作自己的家，愿意为孩子们成长发展奉献一切的人，是他们梦想的力量，改变了山川，改变了历史！

同样在过去的几年中，我们国家也有很多好消息，中国的GDP，达到12万亿美元，世界第二大经济体，我们有着全世界最大的中枢，人口最多的在校大学生，前两天我们云天幼儿园的第一批毕业生出现在亚运会的开幕式、坐在香港中文大学的教室，全是好消息，但是，好事儿多，不见得焦虑少，由于出生率的下降，国家对教育尤其是学前教育行业的重视程度空前，很大程度上规范了幼教市场，也为我们带来了空前的机遇和挑战。未来在这，你在哪里？我想，无论政策如何变化，我们做好自己，就能以不变应万变！经十年，为百年，做好每一年！

作为扎根教育一线22年的幼教人，我一直在思考汇报总结什么，才是大家最关心的问题。幼儿园吃什么？学什么？还是首创的五位一体化管理？是取得的荣誉成绩、还是在亚洲幼教年会上代表山东幼教人的发声？前两天有位集团老师也是家长问我，陈老师，你们幼儿园和别的幼儿园不一样在哪里啊，核心竞争力是什么？到底教什么？所以我还是想说说我们是如何助力孩子成长的。

我们这代人，老师也好父母也罢，对教育很焦虑。假如陌生人见面没得聊，那就聊聊教育，准没错。立马有很多共同语言。我还不能劝你别焦虑，哈佛前校长，德里克·博克不是说过吗：假如你觉得教育的成本太高，试试看无知的代价。

在我们办中国式幼儿园的培养方向中有一条，我们要培养烙有中华民族烙印能够适应未来世界环境变化的中国人、世界人，怎么去实现？当然，我们有张扬儿童个性、扩散儿童思维、规范儿童行为的三大培养目标，五大教育途径，但是，我觉得他还需要一个助推器，那就是从教育活动阶段开始，让课程对接真实世界的挑战。这也是为什么我们幼儿园的活动特别多，老师们特别辛苦的原因，就是给孩子创设真实丰富的教育环境。

十一学校联盟的总校长李希贵说，课程是什么？课程是把社会上的挑战，在学校里打包浓缩，激发禀赋。不是知识的注射器，而是要把社会上的那些挑战，孩子们将来会遇到的那些问题，打包浓缩，变成课程，让学生们提前体验，提前触发孩子们的禀赋。我觉得这也特别适合幼儿教育阶段蒙以养正的最重要任务，0 到 6 岁，根扎得深、扎得实，将来才有可能成长为参天大树。

在孩子自主游园会中，他可不是玩玩游戏那么简单，老师把我们 23 个教室 15 个功能室设计成不同的游戏场馆（传统游戏馆、扎染馆、糖葫芦馆、云天大舞台等），幼儿园变身大游乐园，孩子们自主选择在喜欢的场馆完成挑战任务，看孩子们兴奋高兴的表情，就知道孩子们是多么乐于参与，在楼道里都是跑的。地图看不懂也没关系，平时不好意思的孩子们也会主动去问路。在众多的欢快照片中，这两个小朋友一直在一起，原来是后面小朋友年龄小一点，老师希望前面小朋友带一带他，整个一上午，在完成游园游戏的同时，其他的小伙伴都走散了，但小男生一直领着，等着他的朋友一起，我觉得这种责任感，信守承诺完成嘱托对男孩子是非常重要的。这位小朋友在非常仔细认真地阅读场馆图文并茂的游戏规则，理性思维、规则意识将来一定是他的强项了，还有自主游戏《拯救轮胎大作战》，平时我们告诉孩子要有团队意识，要配合，要克服困难，但再多的说教都不如亲身的实践和体验，我们来看看孩子们齐心协力努力把掉入沙池的轮胎推上来的过程（起初一个孩子发现轮胎滚落在水池里，他自己一个人要把轮胎推上了，没有成功，又叫了 3 个小朋友，然后是 5 个、6 个、8 个，有推的，有拉的，有找绳子的，最终他们经过 20 多分钟的努力，终于把轮胎拯救了上来），孩子说，我听到了，我就忘了，我看见了，我就记得了，我做过了，我就理解了。在我们的自主游戏中，将教育与游戏深度融合，自由、自主、自选、创造，关注幼儿个体差异，引发和支持幼儿持续探究和深度学习，有创新的民族才是有未来的民族。如何全面提升幼儿身体素质也是云天幼教一直努力去做的事，每年国防招生，很多孩子因为身体素质不能被录取，少年强则国强。很多人都知道云天幼教的小篮球连续七届全国健康杯冠军，可能不太了解的是这是云天幼教坚持开展阳光体育，每天户外活动 2 小时，户外运动 1 小时的结果。而且是一个都不少地参与，今年孩子们在全国赛场上取得了骄人的成绩，狂揽 13 冠、15 亚、17 季，成为场上参赛人数最多，获奖最多的队伍，但我们更看重的是孩子们在赛场上沉着冷静、勇于拼搏，不放弃的进取精神，接下来一起看看孩子们在全国赛场上的表现。

如果你问我，云天幼儿园的核心竞争力是什么，我想是我们不祈求春天播种春天就收获，而是我们认为教育不见得是我们教给孩子什么，教育就是人点亮人，而是我们有机会点亮他。因为教育本来的意思，就不是教材、不是课堂，而是人点亮人。

最近，我问过我身边的老师，如果有机会，带给更多的老师孩子更好的教育，有机会去让更多的家长感受孩子成长的与众不同，你愿意吗？很多老师一口就答应了，于是我们做了大爱云天义工团，让更多孩子受益，走进乡村支教，面向家长老师开设公益课堂60场，"孕未来"家庭教育直播课27场，面向山东和德州庆云的公办、民办园长老师开放培训、学习4000多人次。有人说这是一个竞争异常激烈的时代，为什么要教同行？但云天董事长告诫我们：水涨船高，教学相长，我们教育这艘大船是靠所有的教育人撑起来的。我想正因为有这份大格局大胸怀，也才有云天"做良知教育，铸百年云天"勇气、魄力和担当！带给更多的孩子老师更好的教育，让更多家长感受孩子成长的与众不同。我们扪心自问，我们每个人的心里是不是都有这样的渴望？你也有这样的冲动吧？你愿意做一盏灯。每个人都是别人的一盏灯。你看，这个时代的灯，这个时代的温暖远比你想象得多。

一个人的梦想只是梦想，一群人当真一起做这个梦，它就能变成现实。我想借此发布我们的幼教梦想："为孩子创造快乐幸福童年，为教师打造精彩职业生涯，为家长提供科学教育服务。"我们一起努力去实现我们的教育梦、福民强国梦、中国梦！幼教人加油！

第二章 人——正心：文化到位

近年来，国家对教育尤其学前教育重视程度空前，给我们带来了前所未有的机遇和挑战，我们应该如何去做？课程如何领导与实施？如何把教育思想落地？理念如何物化为教师教育行为？幼儿园让人棘手的事如何处理？班级管理怎样才能有高质量？高品质幼儿园如何管理？如何寻求方法打造园所特色？这些问题怎么解决？归根结底还是对幼儿园人、事、物、时、空的管理，幼儿园有大有小，但是麻雀虽小，五脏俱全，需要做的事一件不能少。

这些问题怎么解决，在 22 年的一线教育管理工作中，我经历过多种类型的园所，在教育管理中我也一直在思考着怎么解决这些问题，希望能为大家提供启发和借鉴。不论什么样的幼儿园，良好的口碑都是大家最关注的，人才永远是园所发展的核心竞争力，做好保教质量是幼儿园的生命线，这一切源于团队领导人和教师的眼界胸襟和教育智慧。

经历了 15 年的办园历程，整理总结出了一套幼儿园教育管理的新模式，即幸福幼教——爱的教育之五位一体化模式：

人：文化到位——正心

事：理念到位——修身

物：制度到位——齐家

时：战略到位——治国

空：口碑到位——利天下

《大学》这部儒家经典著作中深刻阐述了一个至理名言："欲明德于天下者，必先正心、修身、齐家、治国、平天下。"这句话不仅是对古代士人修身齐家治国平天下理想的精炼概括，也是对个人成长与社会责任紧密相连的深刻洞察。在现代教育语境下，尤其是在幼儿园这一人生启蒙的重要阶段，提及"治国"与"平天下"的概念，初听起来或许让人略感意外，但实则蕴含了深远的教育意义与前瞻性的思考。

面对这样的疑问："你们教幼儿园的，还谈到治国，平天下，是不是不合适？"我们应当这样理解：幼儿园作为孩子人生旅程的起跑线，其教育目的远不止于简单的知识传授或技能培养，更重要的是塑造孩子健康的人格，培养良好的道德品质和社会责任感。这种教育，虽然作用于年幼的心灵，但其影响却是深远的，能够伴随孩子一生，为其未来的成长奠定坚实的基础。

因此，我们幼儿园教育肩负的"为往圣继绝学，为万事开太平"的使命和责任，不仅仅是口号，而是实实在在的教育实践。我们深知，每一个在幼儿园中欢笑、学习的孩子，都是未来社会的建设者，是国家的栋梁之材。他们的言谈举止、道德观念、社会责任感，都将直接影响到社会的和谐与进步。因此，我们的教育必须着眼于孩子一生的发展，从小培养他们具备正确的世界观、人生观和价值观，为他们将来能够"治国""平天下"——即成为对社会有贡献的公民，打下坚实的基础。

当然，我们所说的"治国"并非指让孩子直接参与国家管理，而是从时间长远的角度来看，培养他们具备管理自己、管理家庭乃至参与社会公共事务的能力和素养；"平天下"也不是要他们平息天下之乱，而是鼓励他们去做很多有利于天下的事，用自己的行动去促进社会的和谐与进步。这既是我们对"五位一体化"教育理念中"人"与"事"两个核心要素的基本理解，也是我们教育实践中的重要指导思想。

基于23年的一线教学管理实践，我们深刻认识到，"人"的教育在于塑造孩子的内心世界，培养他们的品德、情感和意志；"事"的教育则在于引导孩子学会处理日常生活中的各种事务，培养他们的实践能力和社会责任感。

在幼儿园教育管理中，人的因素至关重要。为了营造一个和谐、富有活力的教育环境，我们首先要深入理解并尊重每一位教师和幼儿的个性与需求。我们倡导团队精神，鼓励每个人都积极参与决策过程，共同承担责任。这种团队精神不仅有助于提升教育质量，还能增强团队凝聚力，使每个成员都感到自己是这个大家庭中不可或缺的一部分。

为了不断提升教师的专业素养，我们定期组织培训和研讨会。这些活动旨在帮助教师更新教育观念，掌握最新的教学方法和技能。通过参与这些活动，教师们能够不断充实自己的知识储备，提高教育教学水平，从而更好地满足幼儿的发展需求。此外，我们非常重视与家长和社区的沟通与交流。通过定期举办家长会、社区活动等形式，努力与家长和社区建立紧密的联系。这样，不仅能够及时了解家长和社区的需求与期望，还能充分整合各方资源，为幼儿园的发展提供有力支持。

幼儿园教育管理的核心在于人的管理。通过尊重、理解、团队建设和沟通等手段，将为教师和幼儿创造一个和谐、友爱且富有活力的教育环境，共同促进他们的成长与发展。

人：正心——文化到位，爱文化，良知教育入心

选人——志同道合，招才理念

用人——差异管理，团队为王

育人——以人为本，分层管理

实战——实施策略与载体

目标——构建学习型团队。

管理的核心是对人的管理，对人进行管理主要是管理人的思想，并不是管理人的手脚，而思想的基础是价值观念，所以对人管理的核心是价值观念的塑造，而且必须塑造正确的价值观念。

大家走进云天就能看到在我们的教学楼上立着一句话："做良知教育、铸百年云天。"在建园初期我们就提出了要做百年幼教，我们自己怎么办一个百年企业呢？我首先想的是，在中国，谁做到了百年。

我第一个想到的是同仁堂。

我发现同仁堂最重要的是其司训："品味虽贵必不敢减物力，炮制虽繁必不敢省人工。"意即做事，材料即便贵也要用最好的，过程虽烦琐也不能偷懒。换句话说，要真材实料。但这个事说起来简单，做起来是很难的。所以同仁堂的老祖宗又讲了第二句话："修合无人见，存心有天知。"你做的一切，只有你自己的良心和老天知道。这一句话，是关于怎么保证第一句话被执行的。

我想这正适用于我们的教育，那就是务实、信仰和坚定的信念！

第一节　选人——志同道合的价值观与招才理念

一、志同道合——师德为先，全环境立德树人

在 2017 年幼儿园总结大会时，我问了身边的朋友以及业界的专家："2017 年，哪一天、哪个时刻你认为很重要？"，很多人都说 10 月 18 号很重要，因为那天召开的"十九大"带领我们走入一个新时代，同时也出现了我们很多年度关键词，其中"不忘初心"影响最大，使用最广泛。共产党的初心是为人民服务，那我们的初心是什么，我想就是爱孩子，做教育，一切为了孩子！这也是银座和云天的初心，所以幼儿园做每一件事不是为了挣多少钱（如果为了挣钱很累，也做不好），而是让孩子得到成长发展。我们在选老师的时候，也不单纯是几个条件，而是一个标准：一个真正爱孩子，愿意为孩子的成长和发展奉献一切的人。比如说，可能是生完宝宝还没有满月就为研修教师批改作业，两个月就回到工作岗位的园长；可能是连续几个月加班加点，却从来没有吭一声的中层；可能是为了幼儿园的孩子忙前忙后，却从来参加不了自己孩子半日开放的老师；比如说一个有梦想，愿意让更多孩子享有更优质素质教育，让每一位家长感受孩子成长的与众不同，让每一位教师享有精彩而有尊严的职业生涯的团队。我相信今天能看到这里的就是这样一些人，因为从事教育的一定是对这份事业有敬畏、有情怀、有爱的人。

二、招的理念——庭燎之光：求贤若渴的智慧

在春秋五霸的时代，齐桓公，一位雄才大略的君主，曾向管仲请教如何治理天下。管仲的回答深邃而简洁："得一人安天下。"这句话，像一盏明灯，照亮了齐桓公心中的道路。

齐桓公深受启发，决定实施一项前所未有的求贤计划——庭燎求贤。他在宫廷前点燃了火把，象征着永不熄灭的求贤之心，希望吸引天下英才。这

火把昼夜不息，照亮了齐国的夜空，也照亮了无数士子的心。

然而，一年过去了，竟无人前来应聘。就在计划即将结束时，一位看似普通的士子出现了。齐桓公期待他能展示非凡的才华，但这位士子只是喝了一口凉水，然后流利地背诵起了乘法口诀表。

齐桓公大惑不解，询问其缘由。士子微笑回答："七步之内必有芳草，我国人才济济，他们只是面对高人自愧不如，担心您不喜欢。如果您能根据我的情况，给予一个合适的安排，您再看看结果如何？"

齐桓公深受触动，决定给予这位士子一个机会，任命他为上大夫。不久，齐国便呈现出了人才辈出的繁荣景象。

这个故事告诉我们，选人用人之道，在于用心去发现每一个人的价值。我们倡导"回报眼前人，吸引天下人，回报庸人，吸引能人"的理念。招聘，不仅仅是挑选，更是培养和激励。我们必须有宽广的胸怀，像齐桓公那样，给予每个人一个展示自己的舞台。

当我们的员工感到被尊重、被重视，他们自然会发挥出更大的潜力，吸引更多的人才加入。这种良性的循环，就像庭燎之光，照亮了我们的道路，也照亮了我们的未来。所以在选人上，我们倡导"回报眼前人，吸引天下人，回报庸人，吸引能人"。招聘，关键在招，必须有政策胸怀，招财进宝。眼前人跟你幸福了，人才会来找你。

招聘，不仅仅是一个简单的选拔过程，更是一个展示幼儿园文化和理念的机会。我们倡导一种"招财进宝"的招聘政策，这里的"财"不仅指物质财富，更是指人才、智慧和潜力。我们要让每一个应聘者都能感受到幼儿园的温暖和关怀，让他们愿意成为这个大家庭的一员。当"眼前人"在幼儿园里感受到了幸福和成长，他们自然会吸引更多的人才加入。这种良性的循环不仅有助于幼儿园的发展，更能让每一个成员都感到自豪和满足。

综上所述，招聘的理念在幼儿园教育管理中占据着举足轻重的地位。通过向传统文化借智慧，我们能够在选人用人上更加得心应手，为幼儿园的长远发展奠定坚实的基础。

第二节　用人——差异管理与团队建设的艺术

一、像传统文化借智慧

中华文化，宛如璀璨的星河，博大精深，其中蕴藏着经、史、子、集、诸子、百家的无尽智慧。这些传统文化不仅是中华民族的瑰宝，更是我们可以汲取的宝贵智慧之源。

在历史的长河中，有一位杰出的领袖——汉高祖刘邦。他以非凡的智慧和勇气，打败了英勇的项羽，定下了天下。刘邦的成功并非偶然，他的背后有一支智囊团，包括谋士张良、陈平、高起、王陵等人。这些杰出的人物与刘邦共同探讨如何成为一位优秀的一把手。

当被问及刘邦有何本领时，他在《史记》中谦逊地回答："运筹于帷幄之中，决胜于千里之外，吾不如子房；连百万之众，战必取，攻必克，吾不如韩信；镇国家，扶百姓，不绝粮道，吾不如萧何。"刘邦坦诚地承认自己在某些方面不如他人，这种自知之明和谦逊态度令人敬佩。

众人对此感到困惑，既然刘邦在各方面都不如他人，那么他又是如何成为一位优秀的一把手呢？刘邦进一步解释道："此三者皆人杰，用三杰为大汉开天下，此我之所长也。"他明白，一个人的能力是有限的，而团结和善用他人的智慧与才能，才是成为优秀领导者的关键。

刘邦的智慧在于他懂得如何发掘并任用人才，将他们的才能发挥到极致。他明白每个人都有自己的长处和短处，而一个成功的领导者应该懂得如何弥补自己的不足，发挥团队的整体优势。正是这种智慧和胸怀，使刘邦能够带领一班英才，共同开创了大汉的辉煌。

刘邦的故事告诉我们，成为一位优秀的一把手并不是靠个人的能力和智慧，而是需要善于发掘和任用人才，将团队的智慧和才能发挥到极致。我们应该从传统文化中汲取智慧，学会如何成为一个善于团结和发挥团队优势的领导者，为社会的进步和发展贡献自己的力量。

在中华文化的博大精深中，我们不仅可以找到历史的智慧，还可以汲取成为优秀领导者的秘诀。让我们以刘邦为榜样，学会善用人才、发挥团队优势，为开创更加美好的未来而努力奋斗。

（一）引出四个基本规律

规律一：管理者的智慧：借他人之力，成己之事

在浩渺的中华文化海洋中，先人们用千年的智慧为我们描绘了一个又一个的领导艺术典范。在这些故事中，我们不仅看到了领导者们非凡的才华与勇气，更看到了他们如何巧妙地运用规律，通过他人之力，完成自己的伟大事业。

身为管理者，我们的核心工作并非亲力亲为，而是如何激发团队的潜能，让每一个成员都能发挥出自己的最大价值。刘邦，这位汉朝的开国皇帝，便是一个绝佳的范例。他并不是战场上的常胜将军，也不是智计超群的谋士，但他却有一个无人能及的特质——识人善任。

当被问及自己有何本事时，刘邦谦虚地表示，自己在很多方面都不如他人。他不如张良运筹帷幄，不如韩信战无不胜，也不如萧何治国安民。然而，正是这样的自知之明，让他更加明白自己的长处——那就是知人善任。他懂得如何将这些杰出的人才聚集在一起，让他们各自发挥所长，共同为汉朝的辉煌未来努力。

刘邦的智慧告诉我们，一个成功的管理者并不需要面面俱到，事事亲为。相反，他更应该像一个精巧的乐队指挥家，了解每个乐器的特点，知道如何将它们融合在一起，奏出最美妙的乐章。他不需要亲自演奏每一个音符，而是要通过巧妙的指挥，让每一个乐手都能发挥出自己的最佳状态。

在现代企业中，这样的管理理念同样适用。作为管理者，我们应该学会放权，让团队成员有更多的机会去展现自己的才华。我们应该像刘邦一样，用心去观察每一个人，了解他们的优点和长处，然后为他们提供一个展示自我的舞台。只有这样，我们的团队才能像一支训练有素的乐队，奏出最和谐、最美妙的乐章。

当然，放权并不意味着放任。作为管理者，我们还需要时刻关注团队的动态，确保每一个人都能沿着正确的方向前进。当团队遇到困难时，我们应该像刘邦一样，及时给予指导和帮助；当团队取得成就时，我们也应该与他们一起分享喜悦和荣誉。

总之，管理者的核心工作并非亲力亲为，而是通过他人之力，完成自己的伟大事业。我们应该学会像刘邦一样，用心去发现每一个人的价值，让他们在自己的岗位上发挥出最大的潜能。只有这样，我们才能带领整个团队走向更加辉煌的未来。

规律二：授权之道：展现领导胸怀，培育团队精英

身为管理者，真正的智慧并不在于你个人能力的卓越，而在于你如何运用这份能力，通过他人完成任务，实现团队的共同目标。这不仅仅是一种策略，更是一种胸怀，一种对团队成员成长与进步的深深关怀。

授权，是一种艺术，也是一种信任。当你选择把自己擅长的事情交给别人去干，这本身就需要极大的勇气与决心。因为这意味着你将信任与责任同时赋予他人，你愿意看到他们在实践中学习与成长，即使他们犯了错误，你也不会因此着急或生气。相反，你会用平和的心态去面对，因为这正是他们成长的必经之路。

真正的领导者，不会害怕下属犯错误。因为错误是成长的催化剂，是前进的阶梯。他们会为下属搭建一个犯错误的平台，让他们在这个平台上自由探索、勇敢实践。这样的领导者明白，只有通过实践，才能真正锻炼和提升团队的能力。

授权，更是一种培养人的方式。当你将权力与责任下放给团队成员，你不仅是在锻炼他们的能力，更是在培养他们的责任感和使命感。你会看到，当他们从错误中汲取教训，从实践中获得成长，他们的眼神会变得更加坚定，他们的步伐会变得更加稳健。

然而，授权并不是一件轻松的事情。它需要管理者具备高超的智慧和敏锐的眼光，能够准确判断哪些任务适合授权，哪些人能够胜任这些任务。同时，它也需要管理者具备足够的耐心和信心，能够在团队成员遇到困难时给予及时的指导和支持。

总之，通过授权完成任务，不仅体现了领导者的胸怀和智慧，还体现了一种对团队成员成长的高度负责。这样的领导者，能够带领团队走向成功，能够培养出一批批优秀的团队精英，为企业的长远发展奠定坚实的基础。

规律三：人才之力——以何人为伍，决定事业成败

在探寻成功的秘诀时，我们往往容易陷入一个误区：过分关注领导者个人的能力和成就，而忽视了他们背后的人才团队。然而，真正的智慧在于，一个优秀的领导者并非仅仅看他自己做了什么事，而是要看他如何通过合适的人来推动事情的发展。

以历史上的伟人为例，刘备，这位名垂青史的领袖，他的辉煌并非来自个人的英勇和智谋，而是因为他汇集了关羽、张飞、赵子龙、诸葛亮等一众英才。同样，唐僧的成功也并非仅仅依靠他个人的修行和佛法，而是因为有齐天大圣、天蓬元帅、卷帘大将等得力助手的辅佐。刘邦，这位汉朝的开国皇帝，也是凭借张良、陈平、韩信等智勇之士的助力，才得以建立千秋伟业。

曾国藩，这位晚清的重臣，每到一地都会细心寻觅当地的人才，当面临太平天国的战争时，他知道仅凭个人之力难以应对，于是寻找合适的人才，与他们并肩作战。这些历史巨人的故事告诉我们，一个成功的领导者，不在于他个人做了多少事，而在于他能够吸引和留住多少有才华、有能力的人。

因此，在评价一个领导者的水平时，我们更应该关注他手下有哪些人才。这些人才的能力、经验和潜力，才是决定一个团队能否成功的关键。所以，带队伍、用人才，是每一个领导者必须掌握的核心技能。只有善于发掘和培养人才，才能够让团队的力量得到最大的发挥，从而推动事业的蓬勃发展。

规律四：成事、立制、育人——领导者的三大核心任务

一个杰出的领导或管理者，其成功的基石往往建立在三大核心任务之上：成事、立制、育人。

首先，成事是领导者的基本职责，占据了 30% 的重要性。这不仅仅意味着达成设定的目标，还要将每一个任务、每一个项目都做到最好，确保事情的顺利完成。一个不能成事的领导者，很难赢得团队的信任和尊重。因此，领导者必须具备卓越的执行力和决策能力，能够在关键时刻做出正确的选择，推动团队向前发展。

其次，立制同样占据了 30% 的重要性。一个优秀的领导者不仅要能够做成事，还要能够将成功的经验和方法转化为制度和流程。这些制度和流程应该被明确地写下来，成为团队共同的行动指南。这样一来，即使领导者不在场，团队也能够按照既定的规则和标准来工作，确保事业的持续发展。这样的领导者，我们称之为"造钟型领导"，他们能够将自己的知识和经验转化为制度和流程，让团队在自动推动下完成大部分工作，而领导者只需要关注20%的关键点。

最后，育人是领导者的另一项重要任务，占据了40%的重要性。领导者的职责不仅仅是完成当前的任务，更是要为团队的未来培养人才。一个不懂得育人的领导者，很难带领团队走向更大的成功。因此，领导者必须关注团队成员的成长和发展，为他们提供学习和进步的机会。通过培训和指导，帮助团队成员不断提升自己的能力和素质，让他们成为团队未来的中坚力量。

综上所述，成事、立制、育人是领导者的三大核心任务。只有在这三个方面都做得出色的领导者，才能够真正带领团队走向成功。因此，作为领导者，我们应该时刻牢记这三大核心任务，不断提升自己的能力和素质，为团队的未来发展贡献自己的力量。

（二）领导的智慧：从衰退型到高明型的蜕变

在组织的金字塔中，领导者的角色至关重要。他们的决策、策略和管理方式直接影响着团队的凝聚力和绩效。而在这其中，领导的类型起着决定性的作用。今天，我们就来探讨三种常见的领导类型，并从中汲取智慧，为成为高明型领导做好准备。

类型一：衰退型领导

衰退型领导，如同武大郎挑选下属一般，偏爱那些能力和自己相当甚至更低的团队成员。这种领导方式往往导致团队的整体能力受限，难以突破瓶颈，实现真正的成功。因为在一个团队中，如果所有成员的能力都相差无几，那么团队的成长和发展也就无从谈起。

类型二：高明型领导

高明型领导则与衰退型领导截然相反。他们懂得识别并吸引那些比自己更专业、更有能力的人才加入团队。如历史上的刘备，虽然他在文学、武艺上并不出众，但他却能够吸引诸葛亮、庞统这样的智囊团，以及关羽、张飞、赵云、马超、黄忠这样的武将，共同开创蜀汉的辉煌。高明型领导明白，一个人的力量是有限的，只有汇聚众人的智慧和力量，才能成就一番伟业。

类型三: 调动高人的领导

然而, 仅仅吸引高人并不足以确保团队的成功。如何调动这些高人的积极性, 让他们为团队的目标全力以赴, 才是高明型领导真正需要掌握的智慧。在这方面, 我们可以从中国传统故事中汲取灵感。《三国演义》中的刘备与关羽、张飞结拜为兄弟, 形成了牢不可破的团队凝聚力;《水浒传》中的宋江则通过结义的方式, 将各路英雄团结在一起;《西游记》中的唐僧以师徒之名, 将孙悟空、猪八戒、沙僧等人紧密联系在一起;《红楼梦》中的贾宝玉则通过认亲的方式, 将众多女子紧密围绕在自己身边。这些故事都告诉我们, 调动高人的关键在于建立深厚的情感纽带和共同的目标追求。

在现代社会中, 高明型领导的重要性愈发凸显。他们不仅具备卓越的专业能力, 更懂得如何吸引和调动高人的智慧。因此, 作为未来的领导者, 我们应该努力向这种类型靠拢, 不断提升自己的领导力和管理能力。只有这样, 我们才能在激烈的竞争中脱颖而出, 带领团队走向更加辉煌的未来。

二、对中层差异管理, 团队为王

世界上没有两片完全相同的树叶, 每个人都是独一无二的。为了实现幼儿园的目标, 园长需要灵活、恰当地运用领导策略, 创造性地发挥每个人的才能。这就像西游记中的孙悟空、猪八戒和沙僧, 他们各自拥有不同的特质、优点和缺点, 但各自承担着自己的责任, 才能确保整个团队的和谐与可持续发展。因此, 园长应该认识到每个员工的独特性, 充分利用他们的优点, 帮助他们克服缺点, 激发他们的潜力, 使每个人都能为幼儿园的发展贡献自己的力量。通过这样的领导方式, 幼儿园才能保持有序、稳定的发展态势, 不断提升教育质量, 赢得社会的广泛认可和赞誉。

(一)领导者之必要素质: 从西游记角色看团队管理艺术

1. 从西游记看卓越的团队构建

在我年幼的时候, 我曾经对唐三藏成为师傅的角色感到疑惑。他既不会呼风唤雨, 也无法独自解决所有遇到的问题, 大部分时间都在念佛。这让我困惑, 难道真的是一个普通的人就可以担任领导的角色吗?

然而，随着时间的流逝，我逐渐理解并欣赏起唐三藏作为师傅的智慧。他并不是一个普通的人，而是有着上级的支持和资源的人，他的角色远非表面看起来那么简单。他代表了一种领导者的智慧和眼光，他知道如何将不同的人才整合在一起，形成一个强大的团队。

孙悟空，他是有能力的人，是团队的开拓者，他的智慧和力量，帮助团队解决了许多难题，为团队的前进扫清了障碍；沙和尚，他是有态度的人，是团队的后勤保障，他的坚守和付出，让团队在困难面前能够坚持下去；白龙马，他是有体格的人，他承载着师傅，象征着团队中的司机角色，默默付出，却同样重要；猪八戒，他是有沟通能力的人，是团队的协调者，他的幽默和机智，让团队在紧张的氛围中也能保持轻松和谐。

这个小小的团队，展示了我们中国人团队中的不同投入方向。每个人都有自己的特长和角色，每个人都有自己的价值和贡献。这就是团队的魅力，也是我们中国人对团队的理解和追求。

现在回想起来，我深感唐三藏的领导智慧。他知道如何组合和利用这些不同的资源，他知道如何激发每个人的潜能，他知道如何带领团队共同前进。他的领导方式，既体现了他的智慧和眼光，也展示了中国人对团队建设的独特理解。

在领导的艺术中，园长扮演着与唐僧类似的角色，而幼儿园的员工们则如同孙悟空、猪八戒和沙僧一般，各自承担着不同的角色和任务。这样的团队构成，展现了领导中不同投入方向的重要性，正如西游记中每个角色都有其独特的价值和位置。

唐僧，作为团队的领队，代表着园长的角色。他负责引领方向，设定目标，并且为团队提供精神的支撑。园长需要明确幼儿园的发展方向，设定明确的目标，并为员工们提供持续的支持和鼓励。

孙悟空，机智勇敢，象征着团队中的创新者和解决问题的人。在幼儿园中，这类员工通常是富有创意、能够迅速应对各种挑战的教师。他们需要被赋予足够的自由度和信任，以便能够发挥出自己的最大潜能。

猪八戒，虽然有时懒散，但力大无穷，代表着团队中的实干者。在幼儿园中，这类员工可能是那些虽然不擅长创新，但工作勤奋、执行力强的员工。他们需要得到适当的激励和认可，以保持其工作热情和动力。

沙僧，忠诚善良，是团队中的稳定力量。在幼儿园中，这类员工可能是那些默默付出、尽职尽责的员工。他们虽然可能不显眼，但却是团队中不可或缺的一部分。

园长需要灵活运用领导策略，了解每个员工的特质和优点，将他们放在最适合的位置上，以最大限度地发挥他们的潜能。只有这样，幼儿园才能像西游记中的团队一样，克服困难、不断进步，实现可持续的发展。

2. 如何驾驭智慧与力量：能人管理的艺术

在浩渺的历史长河中，西行取经的传奇故事不仅是一段取经的旅程，还是一部关于如何驾驭智慧与力量，如何管理能人的生动教材。管理能人，首先要有高瞻远瞩的目光和宏伟的目标。这不仅是为了实现一个具体的任务，为了一个更高远、更普世的目标而努力。

西游团队的目标明确而高尚——取得真经，普度众生。这样的目标是对世间众生的一种承诺和责任。在这样的目标下，每一个团队成员都明白自己不是为了个人的利益而努力，是为了一个更加伟大的事业而奋斗。

其次，个人目标与团队目标的高度契合是关键。在团队中，每个人都有自己的梦想和追求。孙悟空，那个桀骜不驯、智慧过人的石猴，他的个人目标原本是追求无尽的力量和自由。然而，在跟随唐三藏西行取经的过程中，他找到了个人目标与团队目标的契合点——摘掉金箍，成为斗战胜佛。这不仅是他个人成长的标志，也是他作为团队一员，为团队目标作出贡献的象征。

管理能人，更需要信任和放权。唐三藏对孙悟空的信任，是建立在他对孙悟空能力的高度认可之上的。他知道孙悟空的智慧和力量是团队不可或缺的，因此他愿意给予孙悟空足够的自由和权限，让他在团队中发挥最大的作用。这样的信任和放权，激发了孙悟空的潜能，增强了团队的凝聚力和向心力。

最后，管理能人还需要包容和引导。能人往往有着独特的性格和行事风格，他们可能不拘小节，甚至有时会犯错误。作为领导者，要有足够的包容心，允许他们犯错误，并在适当的时候给予引导和纠正。这样，不仅能人能够在错误中成长，团队也能在挫折中更加坚强。

西行取经的旅程，是一个关于如何驾驭智慧与力量、如何管理能人的生动故事。它告诉我们，只有明确而高尚的目标、个人目标与团队目标的契合、信任和放权以及包容和引导，才能真正驾驭智慧与力量，让团队在困难与挑战中不断前行，最终实现伟大的目标。

3. 孙悟空：为何能称大师兄？

在探讨孙悟空为何能够担任西游记中的大师兄角色时，我们首先必须理解这个称谓所蕴含的意义。大师兄，不仅代表着团队中的领导地位，更象征着智慧、能力和责任的集合体。那么，孙悟空究竟具备哪些特质，让他能够胜任这一角色呢？

首先，孙悟空拥有非凡的本领。他自石头缝中蹦出，经过修炼，学会了七十二变、筋斗云等神奇法术，成为名震四方的"齐天大圣"。这些超凡脱俗的能力使他成为团队中的核心力量，多次在危难之际挽救团队于水火之中。

然而，孙悟空的能力并不仅仅局限于他的法术和武艺。在天庭，他也建立了广泛的人脉关系，与各路神仙都有着深厚的交情。这种资源能力和外交手腕，使得孙悟空在团队中起到了桥梁和纽带的作用。当团队遇到难题时，他能够迅速调动这些资源，寻求帮助和支持，从而推动任务的顺利完成。

除此之外，孙悟空还具备着出色的领导才能。他善于观察和分析，能够准确判断形势和人心，制定出最合适的行动计划。同时，他也懂得如何激励和团结团队成员，让每个人都能够发挥出自己的最大潜能。这种领导才能使得孙悟空成为团队中的精神领袖和核心支柱。

综上所述，孙悟空之所以能够担任大师兄的角色，不仅仅因为他的非凡本领和广泛人脉，还因为他的智慧、能力和领导才能。他是团队中的灵魂人物，带领着大家共同克服困难、追求目标。他的故事既是一段传奇的冒险之旅，还是一部关于如何成为杰出领袖和优秀团队成员的生动教材。

4. 领导的艺术：面对不配合与能人变心的应对策略

在团队管理中，面对不配合的成员或变心的能人，如何妥善处理往往考验着领导者的智慧。我们可以从中国古典名著《西游记》中的观音菩萨身上，学习一些宝贵的领导艺术。

观音菩萨在取经团队中扮演着重要的角色。她不仅为唐僧选派了三位得力助手——孙悟空、猪八戒和沙僧，还时常在背后默默支持和指导他们。面对孙悟空这样的桀骜不驯、能力出众，观音菩萨展现出了高超的领导手腕。

（1）听话引领走正道讲理想

观音菩萨深知，一个团队要想团结和谐，首先要有共同的理想和信念。

她通过讲述大乘佛法的理想，激发了取经团队的使命感和责任感。同时，她还以身作则，为团队树立了榜样，引导他们走上正道。

（2）做坏事不听话念紧箍咒

当孙悟空等出现行为偏差或不服从管理时，观音菩萨并非一味纵容。她通过念紧箍咒的方式，对孙悟空进行了适当的约束和惩罚。这种做法既体现了领导者的权威，也警示了其他成员，维护了团队的纪律和稳定。

（3）能人变心怎么办？给能人带紧箍，给庸人画饼

在团队中，能人的作用至关重要。然而，一旦能人变心或产生不良行为，对整个团队的影响将是巨大的。因此，观音菩萨采用了给能人带紧箍的策略，即在赋予他们权力的同时，也设置了相应的约束和限制。这样既能确保能人发挥积极作用，又能防止他们做出损害团队利益的行为。

对于能力平庸的成员，观音菩萨则采用了画饼的策略。她通过给予他们美好的未来愿景和承诺，激发他们的潜力和积极性。这种做法既增强了团队的凝聚力，也促进了成员的个人成长。

（4）授权如放风筝：把握方向与控制

观音菩萨在授权时，始终保持着一种放风筝的心态。她允许被授权人在一定的范围内自由发挥和成长，但始终有一根无形的绳子牵引着他们，确保他们不会偏离正确的方向。这种授权与控制相结合的管理方式，既给予了足够的信任和自由，又确保了整个团队的稳定和有序。

综上所述，观音菩萨的领导艺术为我们提供了宝贵的借鉴。面对不配合的成员和变心的能人，领导者应该综合运用理想引领、纪律约束、授权与控制等策略，确保团队的稳定与发展。同时，领导者还应该关注团队成员的成长和需求，为他们提供必要的支持和帮助，共同创造更加美好的未来。

（5）何为本事？

在这个纷繁复杂的世界中，人们常常追问："什么叫有本事？"其实，这个词的答案很简单，却也极富深意。所谓的"有本事"，就是指一个人能够尽心尽力地将自己分内之事做好，做到极致。在任何一个团队或组织中，真正的高手并非那些只会高谈阔论的人，而是那些能够默默付出，将本职工作做得尽善尽美的人。

让我们以《西游记》中的取经团队为例。这个团队中，每个人都有自己

的明确角色和职责。白龙马，作为司机，他的本分之事就是解决交通问题，确保大家能够安全到达目的地；沙和尚，则是负责后勤工作，牵马坠镫，挑起沉重的担子，为团队提供必要的物资保障；唐三藏，作为团队的领导者，他的任务是获得各级上层的支持，确保取经之路的顺利进行；而孙悟空，则是最为关键的角色，他能够找到合适的人，识破妖精的伪装，为团队提供关键的信息和帮助。

那么，猪八戒在这个团队中扮演的是什么角色呢？他其实承担了办公室主任的职责。猪八戒擅长吃喝，酒量大，通风报信，讲段子，时刻关注员工的思想状态并向一把手汇报。当团队中的能人出现骄傲自满的情绪时，猪八戒总是第一个站出来给予打击。同时，他手里掌握着大量的联系方式，知道哪里有好吃的、好玩的，是团队中不可或缺的信息枢纽。

因此，我想说的是，每个人都有自己的本事和特长。作为领导者，最关键的是将合适的人安排在合适的位置上，实现能岗匹配。无论是苍鹰还是苍蝇，无论是老虎还是老鼠，只要放在正确的位置上，都能够发挥出自己的价值，共同为团队的成功做出贡献。所以，让我们珍惜自己的才能，努力做好自己的本分之事，共同创造更加美好的未来。

三、园务管理之道：发挥各自所长，构建卓越团队

（一）人才多样性与团队协同

在超大型园所的园务会管理中，每个成员都有其独特的背景和特质。有的可能缺乏经验，有的可能专业不足，还有的可能沟通方式不够到位。然而，正是这些差异使得团队更加丰富多彩，也为我们提供了更多的可能性。

（二）避免完美主义，善用人才之长

完美主义的倾向在管理中常常会阻碍我们对人才的全面认识。我们不能仅仅因为某个人的某个缺点就否定他的全部价值。每个人都有自己的长处和优势，关键在于如何发现并善用这些长处。

（三）因人而异的管理策略

在园务管理中，我们需要根据每个人的特点和优势来制定不同的管理策略。对于需要平台的，我们给予平台；对于需要方法的，我们教授方法；对于需要待遇的，我们建立合理的薪酬机制。这样的管理方式能够更好地激发每个人的潜能，使他们在最适合自己的位置上发挥出最大的价值。

（四）园长的角色与责任

园长作为园务会的领导者，承担着重要的角色和责任。他们需要善于观察和发现每个成员的优点和特质，然后给予他们适当的分工和任务。通过这样的方式，每个成员都能在团队中找到自己的价值和归属感。

（五）个案分享：园长实践

云天幼儿园园长在园务管理中成功地运用了发挥各自所长的策略。通过给予中层主任们充分的信任和支持，让他们在工作中得到成长和提升。这种管理方式不仅激发了团队成员的积极性和创造力，也为园所的发展奠定了坚实的基础。

正如我们常说的，没有完美的个人，只有完美的团队。每个孩子都是独一无二的，我们不能用同一把尺子去衡量他们。同样，在人才管理上，我们也不能苛求他人完美无缺。每个人都有自己的长处和短处，关键在于如何最大限度地发挥他们的长处，同时避免或弥补他们的短处。

因此，作为园长，我们需要制定因人而异的管理策略。对于那些虽然不专业但认真热情、了解当地家长情况、有资源有人脉、擅长沟通协调的成员，我们可以让他们担任办公室主任的角色，发挥他们的优势；对于那些缺乏经验但勤奋努力、善于学习钻研的成员，我们可以给予他们更多的培训和发展机会，让他们逐渐成长为保教主任。幼儿园的发展离不开人才的支持。作为园长，我们要善于发现并合理利用每个成员的优势和特质，让他们在这里找到自己的价值。只有这样，每个成员才能为幼儿园的发展并肩作战，形成一个团结、和谐、高效的团队。

在集团组织的云天幼儿园园长现场会上，中层主任们的发言给大家留下了深刻的印象。他们都谈到了园长对他们的帮助和支持以及如何在园长的指导下更好地开展工作。保研主任说："园长的放手、信任、适时点拨与建议给了我更多平台，园长对主任'一专多能'的要求时刻指导我不断前进。"教研主任也说："我从一名生活英语教师到教研主任，每一步的成长都离不开园长和主任们的帮助。初当教研主任时，我工作有热情有闯劲不怕困难，敢想敢做，但方法欠缺，内容把握不准，沟通汇报不及时容易出问题。园长给了我很多的帮助、支持和鼓励，既提供足够的施展机会与平台，又帮助我把握好方向和内容，让我在反思中成长，在成功中自信，逐步形成了自己的工作方法。"

（六）总结与展望

当每个成员都能在团队中找到自己的价值和归属感时，这个团队就会焕发出强大的生命力和创造力。作为园长，我们需要不断反思和改进自己的管理策略，以适应不断变化的团队需求和园所发展。通过持续的努力和探索，我们相信能够构建一个更加卓越和高效的园务会团队，为园所的长远发展奠定坚实的基础。

第三节　育人——以人为本，分层管理与个性化发展

一、以人为本，智慧管理

（一）深化理解——让教师与员工伴随事业共同成长

在中华文化的深厚传统中，师徒关系一直被视为一种特殊而珍贵的纽带。孙悟空，这位家喻户晓的传奇英雄，正是一个绝佳的例证。他一生中有两位师傅，唐僧与菩提祖师。菩提祖师教授他七十二般变化，传授给他种种专业技能，但唯独忽略了教他如何为人处世。而唐僧，虽无强力，却以人格魅力、慈悲之心和宽广胸怀，为悟空的人生画卷添上了浓墨重彩的一笔。

这不禁让我们思考：在专业能力与人格成长之间，究竟哪一个更为重要？答案不言而喻，一个人即便专业能力再强，若人格不完善，往往只会带

来灾难。悟空虽然学会了七十二变，却因缺乏谦逊与忍让，最终大闹天宫，闯下大祸。

在教育的道路上，我们常常容易走入误区，过于注重技能的训练，而忽视了人格的成长。这就像是在种植一棵树，只顾着施肥浇水，却忽略了给予它阳光和空气。钢琴的练习、小学化的教育，都可能是这种误区的体现。教育不应仅仅停留在书本和技能的传授上，更应关注孩子心灵的成长和人格的完善。

真正的教育，应该是让学生在面对困难和挑战时，能够坚韧不拔、勇往直前。这正如唐僧带领悟空经历的九九八十一难，每一次的历练都是对他们心灵的洗礼和磨砺。只有经历过这样的锻炼，学生才能真正地理解生活的真谛，将所学知识内化于心、外化于行。

作为教师和管理者，我们有责任和义务去关注学生的全面发展。我们要抓住每一个机会，教育他们如何成为一个有道德、有责任感、有爱心的人。我们要为他们树立榜样，让他们明白，一个人真正的价值，不在于他拥有多少知识和技能，而在于他的人格是否完善、心灵是否丰盈。

在幼儿园这个特殊的阶段，每一个细节都可能影响到孩子未来的成长。因此，我们要用心去营造一个充满爱与关怀的环境，让孩子们在这里感受到家的温暖和亲情。我们要让他们明白，童年是他们人生的起点，是他们未来成长的基石。

让我们共同努力，让每一个员工和教师都能伴随事业共同成长，让他们在专业技能得到提升的同时，人格也得到完善。让我们共同为他们的未来播下金色的种子，让他们的人生之树在阳光和雨露的滋润下茁壮成长。

（二）针对不同员工类型采取有效策略

在幼儿园教师管理与人才培养的角度，我们经常会遇到不同类型的员工，他们各具特色，需要我们采取不同的管理和激励策略。

1. 千里马型员工

千里马型员工是指那些才华横溢、潜力无限的员工，他们通常有明确的目标，渴望学习和成长。对于这类员工，授权和激发是关键。

授权，赋予他们更多的自主权，允许他们在教育实践中自由发挥，甚至参与幼儿园的管理决策。

激发，通过提供挑战性的任务、参加专业培训等方式，不断激发他们的潜能和创新精神。

2. 鸵鸟型员工

鸵鸟型员工往往回避问题，不愿面对挑战，他们可能因为害怕失败或批评而选择逃避。对于这类员工，命令和传授是更为合适的管理方式。

命令，明确指示他们应该做什么，确保他们不会因为回避问题而影响到整个团队的工作。

传授，通过一对一的辅导和培训，帮助他们建立自信，掌握解决问题的方法和技巧。

3. 猪型员工

猪型员工通常满足于现状，缺乏进取心，他们可能对工作没有足够的热情，也不愿意承担额外的责任。对于这类员工，激发和命令并行不悖。

激发，尝试找到他们的兴趣点，通过提供激励措施，如奖励、晋升等，来激发他们的工作热情。

命令，在必要时，明确他们的工作职责和期望，确保他们能够完成基本的工作任务。

4. 猴型员工

猴型员工聪明机智，但可能缺乏耐心和专注力，他们往往有很多想法，但难以坚持执行。对于这类员工，授权和传授是较为适合的管理方式。

授权，给予他们足够的空间去尝试新的教育方法和理念，鼓励他们创新。

传授，通过定期的指导和反馈，帮助他们培养耐心和专注力，确保他们的想法能够得到有效实施。

在幼儿园教师管理中，针对不同类型的员工采取不同的管理策略至关重要。通过合理的授权、激发、命令和传授，我们可以最大限度地发挥每个员工的潜力，促进幼儿园的整体发展和人才培养。

二、科学合理的薪酬模式

在人事管理的艺术中，我们追求物质与精神的双重满足，因此，不仅需要精神的引导，更需要构建科学而合理的薪酬体系。对于教师的评价，我们实施了级别评定与考核制度，以确保公平与效率。

云天幼儿园，汇聚了115位教职工，由两大集团共同管理。在多样化的教师结构中，有在编与非在编的不同情况，这无疑增加了管理的复杂性。在建园初期，我们便察觉到了某些微妙的变化——教师们的热情似乎不再如初。为何曾经踊跃参与各项活动的他们，如今却变得消极怠工？这背后的原因值得我们深思。

（一）问题所在

一方面，事业编制所带来的"一劳永逸"观念，使得部分教师产生了铁饭碗的思想和优越感，从而缺乏进一步的进取心和探索欲；另一方面，新环境初期的新鲜感与展示欲，使得大家都能积极参与活动，但随着时间的推移，当新鲜感消退，部分教师开始表现出对活动的消极态度，认为无论表现如何，结果都相差无几。

（二）寻求发展契机的道路：目标化管理和教师等级评定

面对这一困境，我们不禁思考：如何重新点燃教师们的工作热情，让他们感受到归属与幸福，从而构建一支高素质、凝聚力强的教师团队？集团的目标化管理、教师等级评定以及打破铁饭碗的竞争上岗双向选择为我们指明了方向。

一所优秀的幼儿园，除了依托科学先进的理念外，更关键的是教师的管理。而在教师的评价体系中，薪酬无疑扮演着举足轻重的角色。实施等级评定具有以下优势来促进幼儿园管理优化与团队激励。

1. 使管理更具科学性

科学规范的管理是幼儿园持续、稳定发展的基础。为了提高整体运营效率并激发教师团队的潜能，我们致力于构建一套全面且高效的教师评价体系和薪酬体系。这不仅有助于保障日常工作的高效运转，还能激励团队的创新精神，进而不断提升幼儿园的教学质量。

2. 工资结构更趋于合理

我们深知，合理的工资结构是激发教师工作积极性的关键。因此，幼儿园实施了结构工资制，其中特别重视教师级别的评定与薪酬挂钩。在初步评定中，我们与园务会、董事会深入讨论，充分考虑到教师的接受程度及当前教师间的薪酬差距。为此，基本工资中的教师级别差异被设定为每级差XX元，分为一、二、三、四级。随着幼儿园的不断发展，我们将根据实际情况适时调整，确保工资结构既公平又具激励性。

3. 团队更加具有朝气、活力

尽管我们是首次实施教师级别评定制度，但在集团的指导下，我们成功推出了一批具有示范和引领作用的骨干教师。这不仅为团队注入了新的活力，还形成了积极的良性竞争氛围。每位教师都渴望进步，希望通过自己的努力获得更高的评价。这种氛围给予了我们巨大的信心，相信未来，我们的团队将更加团结、奋发向前，为幼儿园的发展贡献更多力量。

（三）教师级别评定所遵循的原则

1. 激励性原则

激励性原则的核心在于激发个人和团队的积极性。通过设定清晰的目标、提供适当的奖励与认可以及营造一个有利于成长和发展的环境，可以最大限度地释放人们的潜能和创造力。激励不仅着眼于短期成果，更重要的是培养长期的动力和习惯。因此，在制定规则和设计流程时，必须充分考虑如何更好地激发和维持人们的热情。

2. 公平性原则

公平性原则强调在处理事务、分配资源和评价绩效时应保持公正和透明。每个人都应根据其贡献和努力获得相应的回报，不应受到不公平的待遇或歧视。公平性原则是建立信任和尊重的基础。当人们相信系统是公平的，他们更愿意积极参与并投入更多努力，表现出更高的合作意愿。

3. 全面性原则

全面性原则要求在考虑问题、制定方案和执行决策时，要全面权衡各种因素，确保不遗漏任何重要的方面。这包括对各种可能的结果、影响和风险进行全面评估和讨论。全面性原则有助于避免片面和短视的决策。通过充分考虑各种可能性和影响，我们可以制定出更加稳健、可持续的方案，确保长期利益的最大化。

4. 量化性原则

量化性原则强调在评估成果、衡量绩效和制定目标时，应采用具体且可衡量的标准。通过量化数据和信息，我们可以更加客观和准确地评估进展和效果，从而为决策提供有力的依据。量化性原则有助于提高决策的精确性和可操作性。通过收集和分析量化数据，我们可以更清楚地了解现状和问题，及时发现和解决潜在的风险和挑战。同时，量化数据也为持续改进和优化提供了有力的支持。

（四）教师级别评定制定评审标准与流程

1. 参评人员条件

参与云天幼儿园教师等级评定的教师，需满足如下条件：

（1）在本园服务达到一定年限，并且始终展现出积极的教学态度与专业素养。

（2）严格遵循教师职业道德规范，获得学生、同事及家长的一致认可。

2. 等级划分标准

云天幼儿园的教师等级将根据教师的教学能力、专业素养和日常表现等综合评定，具体等级划分标准将在后续评审过程中详细制定。

3. 考核内容（本段内容做了改写）

教师级别评定的考核体系包含以下几个内容：基本条件、日常表现、专业技能和教育活动。这些考核内容旨在全面评估教师的专业素养和工作表现，确保教师级别的评定既科学又公正。

（1）基本条件（占比20%）

指在上个学年度期间，个人在业务方面的荣誉、成绩及完成任务情况。发放《评选申报表》，参选教师填写相关内容，提供相关证书复印件，后期进行分数统计。

（2）日常表现（占比40%）

日常表现评估涵盖了家长、教师、教研组及园务会对相关人员工作质量与日常表现的民主评议抽查。此类评估由专门成立的评审小组执行，其职责包括发放与回收民主评议表，并对收集到的数据进行统计分析。此外，评审小组还将关注并记录班级的出勤状况及任何意外事件、对学生的关爱、教学方法的运用教师参与园内外的教育培训、研究活动的情况等日常管理情况。

（3）教育活动（占比20%）

此项评估主要考察教师在教学活动的设计与组织实施方面的能力。具体而言，各分园每学期会举办一次面向全体教师的优质课评选活动。评审小组由园务会成员及教师共同组成，根据《优质教育活动评选标准》对每位教师的教学活动进行评分。每位教师的最终得分则为其所有评审小组成员评分的平均值。

（4）专业技能（占比20%）

对教师的专业技能掌握情况进行评估，涵盖弹奏、演唱、舞蹈、绘画及语言表达五个方面。每学期末，教师需进行专业技能展示，由评审小组进行综合评分。

（五）确定试题范围

在确定试题范围的过程中，我们将采取如下详细措施：

1. 日常教育活动选题

首先，在日常教育活动中选取题目。具体而言，我们计划从每月设定的主题以及每周的教学内容中分别挑选出若干个知识点，以此来评估教师对于教学内容的掌握程度以及他们在教学方法上的创新性。这样的做法不仅能够全面检验教师的专业能力，还能激励他们在日常教学中不断探索和改进教学策略。

2. 教师自选内容

其次，为了充分展现每位教师的独特才能与教学特色，我们将设立"教师自选内容"环节。在此部分，教师可以根据自己的专长自由选择教学内容进行考核。这不仅能体现教师在特定领域的深厚造诣，还能鼓励他们发挥个性化的教学风格，并激发其内在的创新动力。

通过上述两种方式相结合，我们期望构建一个既能全面反映教师综合能力，又能突出个体特点的多元化评价体系。

（六）正式评审

在正式评审阶段，我们将细致开展以下几项工作：

1. 制定相关表格

为了便于记录和统计评审过程中的各项数据，我们将精心设计并制作相应的评审表格。这些表格将有助于提升评审工作的效率与准确性，确保每一环节都能得到妥善处理。

2. 确定考试形式

针对不同的考核内容及试题范围，我们将慎重选择最适宜的考试形式。这不仅是为了保证评审过程的公平性，也是为了提升评审结果的精确度。通过科学合理的设计，我们力求使整个评审过程既严谨又透明。

需要特别强调的是，本次评审的主要目的并非对教师进行简单的评判或贴标签，而是旨在促进教师个人专业能力的成长与发展，进而全面提升教学的整体质量。我们期望通过此次评审流程，帮助每一位教师深入认识自身的优势与待改进之处，从而更好地服务于教育事业，推动学生全面发展。

《教师等级评定》直接关系到每一位教师的切身利益。为了确保这一重要工作的顺利进行，幼儿园应给予高度关注，并成立专门的评审小组，以确保选拔过程的专业性和权威性。评审小组需要精心组织选拔工作，秉持公开、公正、公平的原则，严格筛选出一批德才兼备的优秀教师。通过这样的选拔机制，不仅能够推荐出真正的后备人才，还能够为幼儿园的发展提供坚实的人才储备。此举对于促进园所的长远发展具有重要意义，奠定了坚实的基础。

三、构建教师成长网

在明确了教师的级别和薪酬结构后，接下来的重点是如何有效地带领和管理这个团队。一个高明的领导不仅要能够区分人才，还要懂得如何将这些不同能力、不同特长的教师整合成一个高效、和谐的整体。

（一）区分人才与高效团队管理

1. 人才识别与培养

领导要有敏锐的洞察力，能够识别出团队中的每个成员的优势和劣势。这样，在分配工作任务时，就能做到因人而异，让每个人都能在自己的擅长领域发挥最大的价值。同时，领导还要关注团队成员的成长，为他们提供必要的培训和发展机会，帮助他们不断提升自己的能力。

2. 建立梯队结构

为了确保团队的持续发展，领导需要建立一个梯队结构，即不同能力、不同经验的教师能够在团队中形成一个有序的层次。这样，即使有成员因为某种原因离开，也能迅速有其他人顶替上来，保证团队的稳定运作。同时，梯队结构还能激发团队成员的竞争意识，促使他们不断努力提升自己的水平，以期望在团队中获得更高的地位和更大的责任

3. 营造团队文化

除了上述两点外，领导还要注重团队文化的建设。一个积极向上、团结互助的团队文化能够激发团队成员的归属感和凝聚力，使他们更加愿意为团队的整体目标而努力奋斗。因此，领导要定期组织团队建设活动，加强成员间的沟通与交流，营造一个和谐、融洽的工作氛围。

综上所述，区分人才只是第一步，如何将这些人才有效地整合成一个高效、和谐的团队才是关键所在。一个高明的领导不仅要能够识别人才，还要懂得如何带领和管理这个团队，形成一个有序的梯队结构，确保团队的持续发展。

二、教师梯度搭建与精英培育策略

（一）措施一：名师工程引路子

名师乃教育之瑰宝，需给予他们广袤的舞台，任其自由驰骋。我们致力于培养名师，鼓励他们积极参与德州市组织的各类培训和学习，不断汲取新知，拓宽视野。同时，鼓励名师开展二次分享与培训，将所学所得传递给其他教师，引领整个团队的专业发展。此外，为名师策划丰富的活动，如成立名师工作室、送教下乡等，让他们在专业成长的道路上更加顺畅，为整个团队树立榜样和引领方向。

（二）措施二：特色教师树杆子

在我园丰富的教育生态中，艺术特色犹如璀璨的明珠，在多个领域均取

得了卓越的成绩。小篮球、美术、钢琴等特色课程，均展现出我园独特的教育魅力。然而，如何让这些专业教师的才华与热情辐射至全园，成为每位教师成长的助力呢？

1. 专业引领，社团带动

我们鼓励专业教师在各自领域带领社团，通过实践与指导，让更多的教师对其专业领域产生兴趣，进而提升整体的教学水平。

2. 篮球热潮，全员参与

举办篮球比赛，展现我园篮球特色的魅力，鼓励全体教师参与其中，体验篮球带来的快乐与挑战，共同见证篮球特色在我园的蓬勃发展。

3. 美术画展，技艺共赏

通过美术画展，为全体教师提供一个展示与交流的平台。让每位教师都能感受到艺术的魅力，从而不断提升自身的绘画技艺。

（三）措施三：实践锻炼压担子

1. 课题研究，深化内涵

国家级课题"传统手工艺在幼儿园的实践与研究"以及省重点课题"教师幼儿家长一体化发展"等研究项目，都是对我们教育理念的深刻挖掘。我们热切鼓励一线教师投身其中，与课题共舞，共同探索教育的无限可能。

2. 承担培训，挑战自我

每个教师都渴望在专业领域实现突破与成长。通过承担课题研究与培训任务，不仅能够锤炼自己的胆识与技能，更能在深入研究中达到内涵的提升。

3. 现场观摩，磨砺内功

实践是检验真理的唯一标准。我们倡导现场观摩，让教师在真实的课堂与活动中，感受教育的魅力，发现自身不足，从而不断磨砺内功，提升教育教学水平。

（四）措施四：勤学苦练厚底子

1. 专业深耕，筑牢基石

深入研读《3-6岁儿童学习与发展指南》《幼儿园教育指导纲要（试行）》等国家学前教育政策与法规，不仅是对教师职责的明确，更是对教育理念的升华。每位教师都应以此为基石，稳固自己的教育之基。

2. 瓶颈突破，特训助力

《特训营》不仅是技能的磨炼，更是心灵的洗礼。在这里，我们鼓励教师勇敢表达，直面问题。或许初时会有紧张与不适，但每一次的沟通与交流，都是自我成长的契机。当大家共同分享与反思，你会发现，那些曾被认为的缺点与不足，其实是成长的催化剂，是自我完善的动力。

3. 教研引路，解决难题

教育之路，充满未知与挑战。而《靠教研》正是我们的明灯与指南针。通过深入的教研活动，我们共同探讨、解决教育教学中的疑难问题，确保每位教师都能在研究中成长，在实践中提升。

4. 党建引领，思想升华

在党建的引领下，我们不仅要做好教育工作，更要关注教师的思想成长。《致幸福》不仅是一本书，更是一种精神的寄托。它提醒我们，教育的最终目的是培养幸福的人。因此，每位教师都应以此为引领，不断提升自己的思想境界，为培养更多幸福的学生而努力。

（五）措施五：竞赛比武搭台子

在推动教师专业成长和教育教学水平提升的过程中，我们采取了一种积极的策略——"竞赛比武搭台子"。这一措施旨在通过参与和组织各种比赛活动，为教师们搭建展示才华、交流学习的平台，从而促进他们的专业发展和自我价值的实现。

1. 积极参与，展现风采

我们鼓励并支持教师们积极参加各级组织举办的各种比赛。这不仅能够帮助他们拓宽视野、学习先进的教育理念和教学方法，还能够提升他们的教学技能和综合素质。通过参与比赛，教师可以展示自己的教学风采，与其他同行交流经验，从而不断提高自己的教育教学水平。

2. 自主组织，搭建平台

除了积极参与外部比赛，我们还注重在幼儿园内部组织各种比赛活动。我们鼓励教师们自行策划、组织和实施比赛活动，为他们提供一个锻炼和展示自己的机会。通过自主组织活动，教师可以发挥自己的创意和想象力，设计出符合幼儿特点的比赛项目，同时也能够提升自己的组织能力和团队协作能力。

3.以赛促学，以学促教

我们坚信"以赛促学，以学促教"的理念。通过参加和组织比赛活动，教师可以不断学习和吸收新的教育理念和教学方法，将其应用于实际教学中，从而提高教学效果和质量。同时，比赛也是一种激励和鞭策，能够激发教师的进取心和竞争意识，促使他们不断追求进步和突破。

4.持续发展，共创未来

"竞赛比武搭台子"是我们推动教师专业成长和教育教学水平提升的重要举措之一。我们将继续坚持这一策略，不断完善和优化比赛活动的内容和形式，为教师们提供更多的成长机会和发展空间。同时，我们也期待通过这一措施，促进幼儿园教育事业的持续发展和创新，为孩子们的未来奠定坚实的基础。

人才不是天上掉下来的。就算天上能够掉人才，如果没有良好的生存和发展环境，没有他们发挥的余地和相应的待遇，也会一个个地离开。要破解人才体系不能靠喊，而要靠做，要靠人才管理机制培养机制。园长用长远的眼光和广阔胸襟，真正建立一套有利于人才成长、人才作用发挥、人才积极性调动的机制，担负起应尽的历史使命和社会责任，这是我们应该做的。

（六）措施六：分层管理

在幼儿园的日常运营和教育教学中，我们采取分层管理的策略，确保每个团队能够充分发挥其优势，共同为幼儿的全面发展做出贡献。

1.老教师团队：班级管理中的稳定力量

老教师团队在幼儿园中拥有丰富的教育经验和班级管理能力。他们熟悉幼儿的学习和生活习惯，能够带动班级其他教师，确保一日活动的有效进行。从幼儿早晨入园到晚上离园，老教师们严格执行保教流程，确保每个环节都得到精心照料。他们不仅是幼儿们的良师益友，也是年轻教师们的榜样和引路人。

2.骨干教师团队：课程研究中的引领者

骨干教师团队在幼儿园的教育教学中发挥着重要作用。他们在课题研究、优质课程开发以及"一日生活皆教育"的教研中展现出卓越的能力。骨干教师们勇挑重担，带头示范，确保级部各项教育活动的顺利进行。他们不仅关注幼儿的知识技能学习，还注重培养幼儿的情感、态度和价值观，为幼儿的全面发展奠定坚实基础。

3. 年轻教师团队：一日流程中的新生力量

年轻教师团队是幼儿园未来的希望。他们在一日流程中展现出勤奋好学的品质，不断提高自己的教育教学能力。无论是擦桌子、打扫卫生等日常工作，还是参与各种教育教学活动，年轻教师们都充满了活力和热情。我们鼓励年轻教师们在实践中学习、在反思中成长，为幼儿园的教育事业注入新的活力。

通过分层管理策略，我们确保每个团队都能够充分发挥其优势，共同为幼儿的全面发展贡献力量。同时，这种管理方式也促进了教师之间的交流和合作，形成了团结、和谐的工作氛围。

第四节　实战——实施策略与教育载体的创新

云天幼教以五大管理策略为核心，即赏识管理、需求管理、阳光管理、成功管理和效率管理，这些策略共同构建了一个充满信任与激励的工作环境。在这样的氛围中，我们致力于促进幼儿身心的和谐发展，确保每一个孩子都能在这里快乐成长，实现自我价值。

一、爱的教育，打造幸福幼教

在这个科技蓬勃发展、生活丰富多彩、和平安宁的时代，理应洋溢着幸福与满足。然而，现实中仍有不少人在忙碌与焦虑中度过。思其原因，或许与我们对物质的过度追求有关。在这个物质丰富的世界里，许多人将财富视为安全的象征，希望通过不断积累来换取内心的安宁。

然而，我们往往陷入了迷茫与困惑之中，不清楚要积累多少财富，才能真正让心灵得到安慰。古人有言："知足常乐。"这句话提醒我们，真正的幸福并非源自物质的丰盈，而是源于内心的满足与平和。

当我们学会在适当的时候停下脚步，欣赏生活中的美好，感恩已有的恩赐，我们便能发现，幸福其实就在身边。不必过分追求物质的满足，而是要学会在心灵的深处寻找真正的幸福与安宁。当我们懂得知足，便能在忙碌与焦虑中找到内心的平衡与宁静。幸福幼教分享会上，老师们从对三观的认识来谈幸福观、教师观、幼儿观，并分享了三个观点：幸福是一种不断向上向善的心安；"幸福的人用童年治愈一生，不幸的人用一生治愈童年"；老师和孩子是精神上的亲子关系。这三个观点引起了大家的思考，幼儿教育是为一生打基础的教育，作为孩子一生的启蒙者、奠基人，要保护好幼儿的心灵，需要老师们用心用爱去做教育。

案例：致幸福——开展幸福教育的初衷

时常问自己我幸福吗，说实话我也不知道，以前多数时候我应该是不觉得幸福的，偶尔觉得幸福也很短暂。以前我接触过很多各种学习，也坚持过写家书，100天打卡。也带着老师一起学习过，有成长、有收获，有变化，但是又感觉力量没有那么持久。什么原因呢，我想可能是《致良知》里说的："志不立，天下无可成之事！"没有真正的立志。原来大家说火车跑得快全靠车头带，随着社会的发展共享经济、移动支付，互联互通，都告诉我们，现在是动车组年代，高速前进每一节车厢需要都有自己的动力。事业发展的瓶颈期也好，倦怠期也罢，都是因为找不到发展的那个内驱力。所以，我想要自己也想和老师们一起找到打开自己发动机的那把钥匙。

我觉得致良知学习会和幸福教育分享会很神奇，真的，它能让人像换一个人一样。参加过的老师回来，我觉得都能给我启发，做我的老师。我能深刻地感受到这种改变。8月份的幸福教育学习会时，正值幼儿园学期初准备分班，周一就要公布岗位，我在很多的工作和人员安排中分身乏术，又想去学习又不能耽误新学期工作，所以会议没有听全，留下做分班工作。其中几位对所分班级和人员问题还没沟通好或者还在纠结的老师也在场上学习，当我正纠结于怎么做工作、怎么和老师谈时，在场上学习的老师给我发短信，说："园长，我都学习了，我以前在意的那些事都不算什么，我愿意用爱带动老师和孩子，应该跳出小我。"还有一位老师回来给我说："园长，原来的我经常爱抱怨，我要改变，不为别的，就算为我的孩子做榜样，我也要做好！"还有一位老师给我说："园长，你说我们做教育是做什么，就是教给孩子做人、做事啊！"好神奇，原来我说半天都说不通的事，一场学习回来，老师们给我了引领。我想这就是在光明的世界里，黑暗的问题就都不是问题了。我知道所有的好的想法都要在事上磨炼，我不能让刚刚看到光明的老师们再回到黑暗的世界，我要让更多的老师感受到和他们一样的成长和幸福，哪怕我们的力量非常微弱，哪怕只能让还没接触到的老师感受的一点点光亮，我也要行动。因为我深知我所从事的幼儿教育是孩子的启蒙教育，是根的教育，像习近平总书记说的，要扣好人生的第一粒扣子。我们就是这真正的第一粒扣子，孩子这棵小树，只有根扎得深扎得实，他才能长成参天大树。幼儿教育是与教师自身素质相关度最高的行业，老师的一言一行，就是孩子的准则，老师幸福了，孩子才有幸福的能力和人生，还能影响更多的家庭。因为幼儿园阶段，是和家长联系最紧密的阶段，每天早入园晚接待，家长年轻接受能力强。越想我越觉得时不我待，所以我在老师们回来的第一天晚上，就带学习的老师一起为大家召开了幸福教育分享会，不需要特别准备，最真诚最直接的表达，最能打动人。那一天晚上，我们确立了共同的认识：幸福是不断向上向善的心安。随后，我们安排了幸福教育学习分享系列活动，线上线下共同学习，还有各种形式级别的家长会、生日会、阅读会、践行活动。因为我知道，什么事情都不是一蹴而就的，不是你开两个会，培训两次就能完全改变的，一定要做事，在事上磨炼！

今天讲致幸福，是因为我觉得幸福也是一种能力。幸福是需要修炼的，致幸福，就是修炼幸福的能力，这种能力和对幸福的认识越强你才能越幸福。大家看现在社会科技越来越发达，效率越来越高，经济越来越富裕，但是，人们却越来越忙，而且越来越不幸福，我了解到的就是不努力的不幸福，可努力的也不幸福；忙的不幸福，不忙的也不幸福。我看到身边一些朋友，能力挺强，收入也不低，学历也高，工作也不错，家庭也还好，但是，问题一大堆，甚至也没有完整地读过一本书，围着孩子转，围着锅台转。不知道每天自己忙什么，没有信念、没有信仰。原来有一位老师我觉得能力还可以，很早以前我跟他谈过一次做班主任的问题，他很苦恼，跟我说，园长，我孩子小，现在忙，不能当班主任。我说那什么时候能当呢，他说过两年，现在刚上小学，回家得辅导作业，得稳定稳定。我说那你就永远都不用当了，因为，再过两年孩子得中考，还得高考，还得找工作，你还得给他带孩子。他陷入一个死循环当中出不来。我那天听文教授讲座，教授说小的时候，大人每天让学习考试，我们不觉得幸福；很多人都以为考上好大学就好了，结果在大学更忙还要面临对未来的茫然找工作；有的人以为工作了就好了，但工作更忙要求很多；以为有了家庭有了孩子就好了，结果老人更老了，然后再加上孩子的课外补习，等等，那每个人都会觉得生活就是一地鸡毛，各种困难，更大压力，都混在一起。在等我们完成这些所谓的基本的使命之后，身体的各种毛病就出现了，感觉快到退休了，人生不知何时才能够享受幸福！其实，我们这是一个科技发展、生活丰富也没有战乱的和平年代，本应该很幸福，人为什么会有普遍的忙碌焦虑，我觉得一种可能性，就是大家对物质的贪恋——总是对未来没有信心，总是希望通过积累更多的财富来换取内心的心安，但是又不知道要换取多少财富，才能让自己心安。很多人总是会说，一场大病就会家产全无，谁又知道会不会得大病了，所以总是处于焦虑中。当然还有些人就喜欢去攀比，去炫耀，这都让我们处于对物质不满足的那种状态。当然，这里不包括那些确实为生计而打拼的一些极其贫困的人群。在这里我们古人也会有一句话，叫知足常乐，其实说的就是在物质层面上的。我们最基本的，基于体面的生存所需要的物质财富，并不需要很多，所以我们提倡极简生活，提倡断、舍、离。我觉得现在听到最多的一句话包括我自己在内，说得最多的就是节食减肥。所以，我觉得在物质方面我们足够了，是不缺什么的。真的。坐拥千万亿的老总们在雁栖湖会议上我们看到的也是不浪费一粒米，原来我和鲍总在一起吃饭，掉到桌子上的我们都吃掉。有人还喜欢寻求刺激，把更多时间用在周游世界，用在一些事情、一个活动上。有一段时间，我就特别想出去玩，也是一种逃避，其实这些对增进幸福也是非常有限的，你会发现景色都看过了，自己带来的愉悦感也越来越小，不那么刺激了。其实最好的风景可能就在身边，就是我们自己的心。

前两天和一个朋友吃饭，他说他出去学习，一位专家问他们如果人生可以活百年的话，你现在还剩几年，剩下的这几年去掉一半睡觉吃饭琐事，用于工作或真正想做的事的时间还有多少？如果让你在仅有的剩下的这点时间做三件事，你会做什么？我突然感觉时不我待，好紧迫。虽然我想做好多事，好像也没有多少时间让我们做。我仔细想了想，如果只有三件的话，第一件事我希望我能带给我的老师和我的老师一起致幸福；第二件事，我希望我们的幸福可以带给更多的老师和孩子以及他们的家庭，让他们受益；第三件事我希望我可以有效地陪伴好家人。如果让我把他合成一件事的话，那就是"致幸福"！文教授说我们如果能够做到把所有事情都合一，我们就会更简单，更快乐。这种合一可以理解为做一个更好的人，做一个更积极向上的人或者做一个更幸福的人。其实大道至简。我想就是要不断地向上向善，追求更有意义的人生，而不是虚度光阴。如果这样想的话，不管说一百件一千件事，我们都会快乐去做，我们都不会纠结。不纠结是一个很重要的心理状态，或者一种人生追求。

《习近平关于"不忘初心、牢记使命"论述摘编》，第一句就告诉我们中国共产党的初心和使命，就是为中国人民谋幸福，为中华民族谋复兴。这不就是我们正在做的致幸福吗？也是在为我们的中国梦贡献自己的力量。我们云天幼教的初心就是爱孩子做教育，一切为了孩子，所以我们在做每一件事的时候，不是看这件事能挣多少钱，而是这件事是否真正有益于孩子的成长和发展！这也是在完成我们作为教育人的使命——福民强国！

最后，我想以我在书中看到的一个故事结束我今天的分享。湖南汝城县沙洲村三名女红军借宿徐解秀老人家中，临走时，把自己仅有的一床被子剪下一半给老人留下。老人说，什么是共产党，就是自己只有一条被子，也要剪下半条给老百姓的人。读到这里我几度哽咽。虽然我没机会见到这样的共产党员，但我想我是不是可以有机会学习和成为这样的共产党员！

二、爱的引领，在一次次磨炼中凝成爱的团队

在爱的光辉照耀下，每一次挑战与磨炼都如同精心雕琢的刻刀，不仅塑造了坚韧不拔的个体，还在无数次携手共进的历程中，凝聚成了一支充满爱与力量的团队——云天幼教团队。这个团队，在园长的引领下，踏上了追求卓越、共同成长的征途。

园长以其深厚的教育情怀和前瞻性的管理视野，亲自挂帅，携手园务会成员及一群充满爱与才华的教师，共同绘制云天幼教发展的宏伟蓝图。他们不仅致力于日常教学管理的精细化，还将目光投向了团队建设的长远规划，

通过一系列精心设计的课程学习与活动，激发每一位成员的潜能，促进团队整体素质的飞跃。

在这段旅程中，团队共经历了 15 次精心策划的内训课程，每一期都紧扣团队发展的核心需求，从理论到实践，全方位提升团队能力。其中，"品西游说团队"课程，巧妙借鉴《西游记》中的团队精神，引导成员们深刻理解合作与信任的力量；"园务会管理课程学习"则直接聚焦于管理技能的提升，让中层管理者们掌握科学高效的管理方法；"致良知、赢在教育卓越人生"等经典学习项目，更是从心灵深处触动每位成员，提升他们的思想境界与职业素养，让爱与责任成为团队最坚实的基石。

这些课程与活动，从基础的管理知识学习，到生动有趣的团队游戏，再到深刻启迪的经典研读，层层递进，由浅入深，由表及里。不仅丰富了团队成员的知识结构，还在无形中增强了团队的凝聚力与向心力。每一次的学习与交流，都是一次心灵的碰撞与成长的飞跃，让每一位成员在爱的引领下，逐步实现了从量变到质变的蜕变，共同铸就了云天幼教这支充满爱与智慧的精英团队。

团建案例"扒皮会"

幼儿园园务会团建中的"扒皮会"是一种特殊的团队建设活动，旨在通过深入剖析团队成员在工作中的不足与问题，促进团队成员之间的沟通与理解，进而提升团队的凝聚力和战斗力。

一、目的与意义

目的：通过"扒皮会"，让团队成员在轻松的氛围中直面自己的不足，同时了解他人的观点和建议，从而达到自我提升和团队优化的目的。

意义：增强团队成员之间的信任与理解，提升团队凝聚力；明确工作中存在的问题与不足，为后续的改进提供方向；激发团队成员的积极性和创造力，推动幼儿园工作的持续发展。

二、活动流程

1. 准备阶段

选择场地：选择一个宽敞、舒适且能够容纳所有参与者的场地，确保环境安静、无干扰。

准备物资：根据活动需要准备相应的物资，如椅子、纸笔、计时器等。

通知参与者：提前通知所有园务会成员活动的时间、地点和目的，确保大家能够准时参加。

2. 实施阶段

开场致辞：由园长或主持人进行开场致辞，介绍"扒皮会"的目的、意义和流程，营造轻松愉快的氛围。

规则说明：明确活动规则，如"只说不好的、不到位的，不说好的"、"扒皮时一定要说得深入详细，说到点上"等。

依次扒皮：从某位成员开始（可以是抽签决定或自愿报名），依次对其他成员进行"扒皮"，指出其工作中的不足与问题。在此过程中，要求参与者保持客观、公正的态度，避免攻击性言辞。

正面回应：在每位成员被"扒皮"完毕后，由该成员进行正面回应，感谢大家的意见和建议，并表示将努力改进。

3. 总结与反馈

活动总结：由园长或主持人对活动进行总结，肯定大家的积极参与和坦诚相待的精神，同时指出活动中存在的问题与不足。

收集反馈：通过问卷调查、小组讨论等方式收集参与者的反馈意见，为后续活动的改进提供依据。

三、注意事项

保持尊重：在整个活动过程中，要始终保持对他人的尊重和理解，避免使用攻击性言辞或伤害他人感情的行为。

客观公正：在"扒皮"过程中要力求客观公正地指出问题与不足，避免主观臆断或带有偏见的言论。

积极改进：被"扒皮"的成员要虚心接受他人的意见和建议，并积极采取措施进行改进和提升。

注重实效：活动结束后要及时跟进改进情况，确保"扒皮会"的成果能够转化为实际的工作成效。

综上所述，幼儿园园务会团建"扒皮会"是一种有效的团队建设方式，通过深入剖析团队成员的不足与问题，促进团队成员之间的沟通与理解，进而提升团队的凝聚力和战斗力。在实施过程中需要注意保持尊重、客观公正、积极改进和注重实效等原则。

幼儿园园务会汉诺塔团建案例

一、活动背景与目的

在幼儿园园务会中，除了日常的管理与决策，促进团队之间的沟通与协作同样重要。为了增强园务会成员之间的凝聚力，提升团队协作能力，我们策划了一场以汉诺塔游戏为主题的团建活动。汉诺塔游戏不仅考验逻辑思维，还能在团队共同解决问题的过程中促进成员间的交流与理解。

二、活动准备

1. 游戏道具：根据园务会成员的人数，准备足够数量的汉诺塔游戏道具，确保每位成员都能参与其中。考虑到成人的参与度，可以选择中等难度的汉诺塔游戏道具。

2. 场地布置：选择一个宽敞明亮的会议室或活动室作为活动场地，确保有足够的空间进行游戏。同时，场地布置应简洁明快，营造出轻松愉悦的氛围。

3. 分组安排：园务会成员可根据人数自然分组，也可以随机抽签决定分组，确保每个小组的实力相对均衡。每个小组设立一名组长，负责协调组内工作。

4. 规则说明：在活动开始前，由主持人或组织者详细讲解汉诺塔游戏的规则和目标，确保每位成员都明白如何进行游戏。同时，强调团队合作的重要性，鼓励成员之间相互协作。

三、活动流程

1. 游戏导入：通过一段简短的介绍视频或动画，让成员们对汉诺塔游戏有一个初步的了解，激发大家的兴趣和参与度。

2. 分组竞赛：各小组在组长的带领下开始进行汉诺塔游戏竞赛。每个小组需要共同完成一定数量的关卡，时间最短或完成度最高的小组获胜。在竞赛过程中，成员们需要充分沟通、分工合作，共同寻找最优解决方案。

3. 挑战升级：随着竞赛的深入，可以适当增加游戏难度或引入新的挑战元素，如限定移动次数、增加干扰因素等，以进一步提升团队的合作能力和应变能力。

4. 分享与反思：竞赛结束后，组织成员们进行分享与反思活动。每个小组可以派代表分享游戏过程中的经验、教训和收获；其他成员则可以提出问题和建议，共同探讨如何改进和提升团队合作效果。

5. 总结表彰：对在活动中表现突出的个人和小组进行表彰和奖励，以肯定他们的努力和贡献。同时，对整个团建活动进行总结点评，回顾活动中的亮点和不足，为今后的团建活动提供参考和借鉴。

四、活动效果

1. 增强团队凝聚力：通过共同参与汉诺塔游戏竞赛，园务会成员之间的交流和互动更加频繁和深入，增强了团队的凝聚力和向心力。

2. 提升团队协作能力：在游戏过程中，成员们需要充分沟通、分工合作，共同面对挑战和解决问题。这不仅锻炼了他们的团队协作能力，还提高了他们的默契度和信任感。

3. 促进个人成长：参与汉诺塔游戏团建活动的成员们不仅在团队合作方面得到了锻炼和提升，还在逻辑思维、问题解决和应对挑战等方面获得了宝贵的经验和教训。这些都将对他们未来的工作和生活产生积极的影响。

三、爱的互动，在爱与爱的交流中提升精神境界。

把温暖的阳光种在心田，用积极进取的心态去迎接挑战，直面人生。这就是我们对幼教事业的自信和坚守。走进老师，用爱的行为互动引领教师，围炉夜话，与老师倾心交谈。每逢节日，为老师送上温馨的拥抱和精心准备的礼物。

在爱与爱的交流中提升精神境界。我们通过各种团队打造游戏和读书学习活动给老师以示范和引领。比如我们开展《活法》读书分享会，进行"致良知"的学习交流活动，进行"醒狮论坛"的学习并多次进行二次培训，进行的反思交流会，举行从园务会到老师的大量的团队打造游戏来提升教师心性，提高教职工团队的凝聚力。在我们教师节活动中，我们非常关注让教师体验"在被爱中学会爱别人"，通过送花、爱的抱抱、宣读爱的誓言等活动，让教师感受到充分的被尊重与被爱，她自然会将这种感受传递给幼儿。做事先做人，教师更是一种示范者和引领者。"千教万教教人求真，千学万学学做真人"已经深深植入了每个老师的心中。

幼儿园教师团建：围炉夜话活动方案

一、活动背景与目的

在繁忙的幼儿园教学工作中，教师们不仅需要关注孩子们的成长与教育，也需要关注自身的情感交流与团队凝聚力。为了增进教师之间的了解与信任，促进情感的共鸣与分享，我们特策划了"围炉夜话"团建活动。本次活动旨在通过轻松愉悦的氛围，让教师们围坐在一起，分享工作中的点滴、生活中的感悟以及未来的憧憬，从而加强团队凝聚力，提升工作幸福感。

二、活动时间与地点

1. 时间：选择一个周末的晚上，避开工作日的疲惫，让教师们有足够的时间放松并投入交流。

2. 地点：幼儿园内的多功能室或户外花园（视天气情况而定），布置得温馨而舒适，营造出家的感觉。

三、活动准备

1. 场地布置：摆放几张大圆桌或篝火（安全许可下），周围环绕舒适的椅子或坐垫，桌上可放置暖色调的桌布、蜡烛、小盆栽等装饰品，营造温馨浪漫的氛围。

2. 物资准备：茶具、咖啡壶、热水壶等饮品设备，茶叶、咖啡、小吃、水果等，供教师们品尝。同时，准备一些纸笔或电子记录设备，以便教师们记录感悟或提出建议。

3. 背景音乐：选择轻柔、舒缓的背景音乐，如轻音乐、民谣等，营造宁静和谐的氛围

四、活动流程

1. 开场致辞：由园长或活动组织者简短致辞，介绍活动目的、流程及注意事项，并表达对教师们的感谢与祝福。

2. 围炉而坐：教师们按照事先的分组或自由组合，围坐在圆桌或篝火旁。

3. 自由交流：

工作分享：鼓励教师们分享近期教学中的趣事、挑战与收获，以及如何解决遇到的问题。

生活感悟：引导教师们分享生活中的小故事、感悟与心得，促进彼此间的情感交流。

未来展望：鼓励教师们畅谈对幼儿园未来的期望与建议，个人职业规划与发展方向等。

4. 主题讨论：根据事先设定的主题（如"如何提升幼儿学习兴趣""团队合作的重要性"等），进行深入讨论与交流，鼓励教师们积极发言，分享观点与经验。

5. 心愿寄语：提供纸笔或电子记录设备，让教师们写下对幼儿园、团队或个人的心愿寄语，并可选择性地分享给大家。

6. 结束语与合影：由园长或活动组织者总结活动亮点与收获，表达对教师们的感谢与期望。随后，组织全体教师合影留念。

五、活动效果

1. 增进了解与信任：通过围炉夜话的形式，教师们在轻松愉悦的氛围中加深了彼此的了解与信任，促进了情感的交流与共鸣。

2. 提升团队凝聚力：共同面对挑战、分享收获与感悟的过程，增强了教师们的团队意识和归属感，提升了团队的凝聚力与战斗力。

3. 激发工作热情：通过讨论与交流，教师们对教学工作有了更深的思考与认识，激发了他们的工作热情与创造力，为幼儿园的发展注入了新的活力。

教师节幼儿园三人班级团建活动设计

一、活动主题

"感恩同行，共筑梦想"——三人班级教师节特别团建活动

二、活动目标

1. 增强三人班级教师之间的沟通与协作能力。

2. 表达对教师职业的热爱与尊重，提升团队凝聚力。

3. 通过轻松愉快的活动，缓解工作压力，增进教师间的情感联系。

三、活动时间

教师节前一天下午或教师节当天上午，确保教师们有足够的时间参与并享受活动。

四、活动地点

幼儿园内的多功能室或户外草坪（视天气情况而定），布置得既专业又温馨。

五、活动流程

1. 开场仪式（10分钟）

园长致辞：简短介绍活动目的，表达对全体教师的感谢与祝福。

三人班级亮相：每个三人班级上台自我介绍，展示团队风采。

2. 团队破冰游戏（20分钟）

游戏名称："名字接龙＋教学趣事"

规则：首先进行名字接龙，每位教师需说出自己名字并加上前面所有教师的名字，然后分享一件近期教学中的趣事或感悟。此游戏旨在快速打破隔阂，促进团队间的了解与熟悉。

3. 教学技能展示与交流（30分钟）

环节说明：每个三人班级轮流上台，展示一项独特的教学技能或特色教学方法。可以是手工制作、故事讲述、音乐律动等，要求体现团队合作精神。

互动环节：展示后，其他班级教师可提问或提出建议，促进教学经验的交流与分享。

4. 感恩互动（20分钟）

手写感谢卡：为每位教师准备一张精美的感谢卡，教师们相互写下对彼此的感谢与祝福。可以是工作中的帮助、生活中的关怀等。

分享时刻：随机抽取几位教师分享自己收到的感谢卡内容，感受团队的温暖与力量。

5. 团队建设游戏（30分钟）

游戏名称："三人三脚接力赛"

规则：三人班级为一组，将相邻两人的腿绑在一起，进行接力赛跑。比赛过程中需保持平衡，协调一致，最先完成任务的队伍获胜。此游戏旨在增强团队协作能力，体验共同奋斗的乐趣。

6.闭幕式与合影（10分钟）

园长总结：回顾活动亮点，表达对三人班级教师团队的认可与期望。

全体合影：所有参与活动的教师合影留念，记录下这美好的时刻。

物资准备：

感谢卡、笔

团队破冰游戏道具（如纸笔记录、计时器等）

团队建设游戏道具（如绑腿带、接力棒等）

布置场地所需物品（如气球、彩带、桌椅等）

六、注意事项

确保活动安全第一，特别是在进行团队建设游戏时，需做好安全防护措施。

关注每位教师的参与感与体验，确保活动氛围轻松愉快。

活动结束后，可准备一些小礼品或纪念品作为对教师的节日祝福。

四、爱的行为，在爱与爱的互动中加强师德建设。

在教育与成长的温馨殿堂里，爱的行为不仅是滋润学生心田的甘露，也是推动教师队伍师德建设不可或缺的力量源泉。在爱与爱的深刻互动中，我们不断探索与实践，旨在构建一个既富有情感温度又坚守职业道德的教育环境，从而全面加强师德建设。

这一过程始于系统化的师德培训，它不仅涵盖了教育伦理、职业道德规范等理论知识的传授，还注重通过案例分析、角色扮演等互动式教学方法，引导教师深刻理解师德的内涵与外延，将抽象的道德准则转化为具体可行的行为指南。

同时，树立并学习优秀典型成为激励教师自我提升的重要途径。通过宣传身边的师德楷模，用他们的事迹感召人心，激发教师队伍中的正能量，形成比学赶超的良好风尚。教师们在对标先进的过程中，不断审视自我，寻找差距，积极向善向上。

围炉夜话、师德演讲等活动则为教师们提供了思想碰撞与情感交流的平台。在轻松愉悦的氛围中，教师们围坐一起，分享教学心得，探讨师德建设的新思路、新方法。这些活动不仅加深了同事间的情谊，也促进了师德观念的深化与共识的形成。

此外，结合重要节日如妇女节、青年节、教师节以及志愿者活动等，开展丰富多彩的团队培训与学习。在这些特殊的日子里，通过组织主题活动、志愿服务等，让教师们在实践中感受责任与担当，体会教育工作的价值与意义。这些经历不仅增强了教师的职业荣誉感，也进一步坚定了他们投身教育事业、践行高尚师德的决心。

总之，在爱与爱的互动中加强师德建设，是一个持续不断、润物无声的过程。它需要教师们的共同努力与自我超越，也需要社会各界的关注与支持。只有这样，我们才能共同培育出一支师德高尚、业务精湛、结构合理、充满活力的教师队伍，为培养德智体美劳全面发展的社会主义建设者贡献更大的力量。

《爱心、专业、责任》师德大教研，从生命来源入手，以尊重生命，敬畏生命为本，开展了系列让师德可见、师德可学、师德可用的师德落地式教研，让爱成为幼儿教师的灵魂。《保育版小苹果》《安全快板》《身边的榜样》等受到广泛好评，也更激发了我们前进的动力。

案例：师德大教研

一、活动背景

一系列负面师德事件对幼儿园造成严重影响，引发了社会广泛关注。面对教育行业，特别是幼教领域遭遇的信任危机，为响应上级教育管理部门的号召，加强师德建设，决定通过《爱心、专业、责任——师德大教研》活动，创新师德培养形式，旨在通过深入探讨、案例分析、主题讲座、分组讨论与成果展示，明确师德实践策略，确保师德教育的可操作性与落地性，激发教师情感共鸣，构建以爱、专业和责任为核心的文化氛围，为幼儿提供安全、健康的学习环境。

二、活动目标与活动形式

（一）活动目标

1. 直接目标

（1）增强情感连接：结合现实虐童案例，通过剖析"爱孩子"的深层原因，强化教师对幼儿的关爱之情、专业态度和责任感。

（2）实践师德落地：围绕"可见、可用、可做、可学"的师德原则，探讨并总结爱孩子的策略与方法，提升教师的责任感与专业能力，确保师德实践化。

2.活动目标与本年度教研计划总目标联系

活动目标与本年度教研计划总目标紧密相连，旨在通过深入探讨和实践，建立一套符合幼儿教育特点的师德培养体系，提升教师的整体素质，为幼儿创造一个充满爱与关怀的成长环境。

（二）活动形式

1.活动方式

教研活动形式归类为"案例式教研"和"问题式教研"的结合。结合了案例分析、理论学习、问题解决和经验分享等多种教学策略，形成了一个综合性的、以实践为导向的教研模式。

2.形式设计

（1）引入主题：研讨会与微讲座结合，触动情感，为深入讨论与反思奠基。

（2）分组讨论：分组讨论与分享，将抽象师德转化为具体实践指南，增强活动吸引力与记忆点。

（3）成果展示：成果展示会，巩固实践理解，增强团队协作与创新思维，推动师德建设持续改进。

3.适宜性分析

这些形式激发教师热情，促进理论与实践有效结合，确保师德建设既深入又具趣味性。

三、活动过程

（一）爱是教育的原点

1.引入主题：为什么爱孩子？——爱是教育的原点

通过虐待儿童案例引发情感共鸣，探讨教育中的爱，激发对儿童权益与教育本质的深思。

2.微讲座：生命来之不易与师德的必要性

探讨生命教育的价值与尊严，解释爱在教育中的角色，促进教师对生命教育重要性的理解与实践。

3.结论与共识

确立生命教育为核心，爱作为教育基石的观点，规划将师德"落地"的行动，确保提升教育品质与福祉。

（二）分组讨论：怎么爱？——让师德落地

1.模块一：让师德可见——精细服务保健康

师德不是抽象的，也不是高不可攀的理想，应当让所有人可见。本组目标为保育室和生活教育组讨论如何将爱具体化为行动，确保孩子们健康成长。

（1）讨论与分享：如何将爱的关怀转化为日常护理的具体行动。

话题1：请老师说一说自己班级细致照顾孩子好的做法。

谭老师：在午睡时，我细心为每位孩子盖被，确保他们舒适安全，这一举动传递了关爱。

刘老师：我记录每位孩子的饮食偏好，通过巧妙融合他们喜爱的食物，提供个性化餐食，既满足营养需求，又激发食欲。

张老师：户外活动时，我严格检查场地，消除隐患，并鼓励孩子们相互帮助，增强安全意识。

仲老师：定期与家长沟通，了解孩子在家的情况，据此调整幼儿园的护理策略，如改善睡眠质量不佳的孩子的晚餐。

话题2：讨论让师德落地的具体策略

刘老师：了解每个孩子的独特需求至关重要，通过观察和沟通，提供个性化的关怀。如关注天气变化，及时照顾孩子。

谭老师：教育元素融入日常护理，通过故事、歌曲教会孩子们正确的生活习惯和安全知识，体现师德。

仲老师：将护理工作编成儿歌或顺口溜，既便于孩子们记忆，也为老师带来乐趣。

陈教师：作为教师，始终以爱为先，每一次关爱和鼓励都是师德的体现。

（2）小结

在深入讨论后，团队达成一致，认为通过个性化关怀、注重细节、融入教育元素、编制儿歌、强化家校合作及以爱为核心，可有效将师德具体化于日常保育工作中。了解每个孩子的独特需求，提供针对性关怀；注重日常细节，如适时调整衣物，及时照顾不适，体现师德；通过故事、歌曲等教育元素，寓教于乐；编制儿歌与顺口溜，方便记忆，增加工作乐趣；与家长紧密合作，共享护理知识，形成教育合力；始终以爱为核心，每一次关怀与鼓励皆为师德体现。

2.模块二：让师德可做——措施细致保安全

确保安全工作成为幼儿园管理的重中之重，通过细致的措施，让安全工作真正落地执行。办公室和专业组聚焦安全工作，提出细致的安全措施，确保幼儿安全。

（1）讨论与分享：细化安全措施，确保幼儿安全。

活动描述：所有参与的老师围坐在一起，分享各自在日常工作中采取的安全措

施和预防策略。每个人都有机会阐述自己的想法和实践，包括但不限于防火、防溺水、食品安全、药物管理、突发事件应对等具体案例。

（2）小结

讨论揭示了安全工作的重要性，强调全员参与和系统性。师德的核心在于对孩子的深切关怀，须转化为实际行动，即高度负责的安全工作。老师们表达了对幼儿的爱、对幼儿园的归属感和对幼教事业的热情，驱使他们在安全工作上投入更多精力，确保每个细节的安全。从讨论中提炼出最佳实践和创新想法，形成可操作方案。包括完善应急响应流程、设计安全教育课程、优化设施安全检查、开发家长安全教育手册等。

3.模块三：让师德可用——师德铸造家园桥

探讨家长工作中的师德体现，提升教师在家长工作中的专业素养与方法技巧。

副园长和幼教2组教学组探讨如何通过师德构建家园沟通桥梁，解决家长工作中的挑战，共同促进孩子的全面发展。

（1）讨论与分享；探索和家长沟通的有效策略，构建共育桥梁。

讨论1：焦点问题识别

活动描述：组织成员围绕当前家长工作中的常见挑战与热点问题进行深入讨论，例如沟通不畅、信息不对等、教育理念差异等。通过识别问题，为后续的讨论和解决方案提供清晰的方向。

讨论2：智慧解决之道

活动描述：针对讨论1中识别出的问题，鼓励参与者分享个人经验、创新

策略和实用技巧，如定期家访、举办家长研讨会、利用在线平台加强沟通等。通过集思广益，寻找既符合教育专业性又能贴近家长需求的解决办法，增强家长工作的实效性与亲和力。

（2）小结

态度先行：强调以诚挚的态度对待家长，建立互信基础。通过真诚的沟通，可以有效解决误会与冲突，增强家长对教师的信任。

专业知识：强调教师须具备扎实的教育专业知识，能够准确、清晰地向家长传达科学的育儿理念与方法，提升家长对教师专业能力的认可。

适时适地：根据不同情境与家长的接受度，灵活选择沟通方式与时机，确保信息的传达更加高效、友好，避免给家长带来不必要的压力或误解。

通过建立坚实的家园桥梁，不仅能够解决当前存在的问题，还能为幼儿园创造一个更加和谐、支持性的教育环境，共同促进孩子的健康成长与全面发展。

4. 模块四：让师德可学——师德标兵在身边

师德标兵并非遥不可及，而是身边同事的日常表现，激发全体教师成为他人学习榜样的积极性。教研室和幼教1组通过分享真实的案例，增强教师间的相互学习与借鉴，共同提升师德水平。

（1）讨论与分享：分享身边的师德榜样，激发学习与效仿的动力。

讨论话题1：身边的师德典范

活动描述：邀请每位参与者分享自己或同事在日常工作中展现的师德行为，可以是耐心倾听孩子的需求、关注特殊儿童的发展、与家长有效沟通或是创新教学方法提升学生兴趣等方面的具体事例。通过具体事例的分享，让大家看到师德在实践中的多样性和可操作性，认识到每个人都能成为他人学习的榜样。

讨论话题2：总结真实故事

活动描述：基于分享的事例，对收集到的师德故事进行归纳总结，提炼出普遍适用的师德原则和具体做法。通过系统分析，将零散的案例转化为可操作的师德实践指南，为全体教师提供学习资源和参考。

（2）小结

这样的活动设计，不仅能够激发教师之间的学习热情，还能促进师德在幼儿园内部的广泛传播与深入实践，形成一个积极向上、人人争先的师德文化。

视角转换：鼓励教师以赞赏的心态看待同事的付出与努力，认识到每个人都有值得学习的地方。

自我反思：引导教师思考自身在师德方面的表现，如何在日常工作中更好地体现对学生的关爱与尊重。

学习与实践：强调将他人的优秀行为内化为个人的行动指南，通过模仿、创新，逐步提升自身的师德水平。

（三）教研结果展示——专业的态度、责任感

1. 展示环节

本次教研活动的成果展示环节，采取了多样化、生动活泼的方式，旨在让师德理念深入人心。各组成员利用MTV（音乐视频）、快板、顺口溜等喜闻乐见的形式，将师德在不同教育场景中的具体实践生动地呈现出来。这些展示作品不仅富有创意，而且易于记忆，旨在激发教师群体对师德实践的热情，使之成为一种可复制、可推广的教育行为范例。

（一）模块一：让师德可见——精细服务保健康

成果展示：拍摄歌曲MV，将对孩子细致照顾的内容变成《保育版——小苹果》，以生动的旋律传递爱与关怀的理念。通过音乐和视觉双重体验，激发教师的情感共鸣，使其更易于接受和模仿细致照顾幼儿的方式，从而促进师德的内化和外化。

（2）模块二：让师德可做——措施细致保安全

成果展示：总结为安全快板，结合插图，寓教于乐。强调了安全措施的具体实施步骤和重要性，通过插图和语言的形式，提升了安全教育的趣味性和记忆性，增强了教师们在安全方面的责任感和执行力。

（3）模块三：让师德可用——师德铸造家园桥

成果展示：总结为顺口溜，提供问题解决的借鉴。通过轻松幽默的方式，展示了师德在家庭与学校之间的桥梁作用，提供了具体问题解决的参考案例，帮助教师们找到应对策略。

（4）模块四：让师德可学——师德标兵在身边

成果展示：总结为《行为礼仪五句半》、诗歌《幼儿园的故事》《时间都去哪里》《爱的誓言》致敬师德典范。通过身边的榜样人物展示典型行为和规范，形成积极向上的师德氛围，激励更多教师主动追求和展现高尚的师德。

2. 应用意图

展示内容的设计初衷在于促进师德理念与实际教育工作的紧密结合。通过直观、生动的展示，教师们能够更直观地理解师德在日常教育活动中的应用方式，从而增强教育的针对性和有效性。这种将抽象理念转化为具体实践的做法，有助于教师们在日常工作中更好地贯彻师德要求，提升教育质量。

3. 小结：

在师德建设的过程中，最重要的环节是将其转化为实际行动。良好的师德不应仅限于个别模范的行为，而应成为全体教育工作者都能看到、学习、实践并予以评价的一部分。鼓励每一位教师从自身做起，从点滴小事做起，将爱物化为教育行为，是本次教研活动的核心目标。通过这样的努力，我们旨在营造一个充满爱与关怀的教育环境，为孩子们的一生打造独一无二、充满意义的童年时光。未来，我们将继续深化师德建设，让爱成为教育的永恒主题，让孩子们在爱的滋养下茁壮成长。

（四）下一步计划

下一步计划聚焦于四大核心模块的深化实施：

1. 保育与安全：通过《保育版——小苹果》MTV，强化对孩子的细致照顾；创作安全快板，以易记形式普及安全教育。

2. 家园互动：编制师德顺口溜指导家长工作，举办家长工作研讨会，分享优秀案例，提升教师专业性。

3. 师德标杆：制作儿歌或朗诵故事，分享教师榜样事迹，激励教师相互学习。

4. 培训与反馈：邀请专家培训，设立师德评估机制，开通建议通道，确保师德建设持续优化。

计划还包括强化家校合作，通过定期工作坊增进沟通，开展创新合作模式，以及建立表彰与激励机制，激励教师积极参与师德建设。

第五节　目标——构建学习型团队与持续成长的文化

一、中国动车组模式：每一节车厢驱动，共绘发展加速度

我们开出了一个脑洞，动车组脑洞。过去几十年我们都觉得火车跑得快，全靠车头带，总觉得中国的发展是先富带后富，大城市带小城市，一、二线城市带三、四线城市，沿海带内地，精英带普通民众，但是现在，移动支付、人工智能、共享经济、网购等等，已经证明这个国家已经不是原来的绿皮火车靠火车头带着，已经变成了一辆动车，就是每一节车厢都有自己的动力，车厢越多，速度反而不会慢，这是中国的独特景象。

二、可持续发展的源动力——学习型团队的构建

前几天有位领导来幼儿园参观，他说他觉得这个幼儿园好像不只属于庆云，走进他就像走入了一个世外桃源。我想这是源于我们背后有两大集团的引领，可以直达省会济南和首都北京、让我们可以迅速找到第四次产业革命后对人才的培养方向。有致良知告诉我们"圣贤可学而至"，我们把它转化到我们的幼儿园，可以让每一个部室、班级、每一位老师有自己的动力。找到打开自己发动机的钥匙，从被动到主动，这对一个超大园所尤为重要。这把钥匙就是学习型团队的构建，可持续性发展的源动力——学习型团队的构建。

三、破茧成蝶：跨越事业发展的瓶颈期

在人生的旅途中，我们或许都曾遭遇过事业发展的瓶颈期，那是一种仿佛被无形的墙壁阻挡，前进的步伐变得异常沉重的阶段。又或许，是那份日复一日的重复与疲惫，让心灵陷入了倦怠的深渊。无论是瓶颈期还是倦怠期，其核心往往在于我们失去了对自我发展方向的清晰认知，失去了那份推动我们不断向前的内在驱动力。

就在这时，一部票房高达 59 亿的电影《战狼 2》，如同一股清流，冲击着我们的心灵，提醒我们：真正的力量源自内心的信念与坚守。影片中，主人公冷锋面对环境的极端险恶，面对重重困难与挑战，他从未放弃，始终坚守着对同胞的深情厚谊，用智慧和勇气书写了一段段惊心动魄的传奇。

冷锋的故事，是对"勇敢的开始、执着的坚持"最生动的诠释。他让我们看到，当一个人拥有坚定的信念，即便前路漫漫、困难重重，也能激发出无尽的潜能，创造出令人瞩目的成就。这种信念，是支撑我们在事业低谷时重新站起的精神支柱；这种坚守，是引领我们穿越迷雾、找到正确方向的明灯。

因此，当我们陷入事业发展的瓶颈期或倦怠期时，不妨从《战狼 2》中汲取灵感，重新审视自己的内心，找回那份久违的信念与坚守。我们需要明确自己的发展目标，制定切实可行的计划，并付诸实践。同时，我们还要学会在挫折面前保持坚韧不拔的毅力，在困难面前展现出不屈不挠的勇气。

只有这样，我们才能在事业的道路上越走越远，不断突破自我，实现人生的价值。让我们以冷锋为榜样，用内心的信念与坚守，去跨越事业发展的每一个瓶颈期，迎接更加辉煌的未来。

四、学习型团队的铸就：以时间、经历与金钱为基，共筑智慧与成长的高塔

在追求卓越的道路上，学习型团队的构建无疑是一座至关重要的里程碑。这一旅程，并非坦途，它要求团队成员付出宝贵的时间、丰富的经历以及不菲的金钱。但正如那句深刻的哲理所言："学习很贵，但不学习更贵。"因为无知的代价，往往远超于我们所能想象的范畴。

在当今这个日新月异的时代，知识已成为最宝贵的财富。它无法直接购买，却能在点滴积累中逐渐汇聚成海，成为推动个人成长与团队进步的强大力量。因此，我们云天幼教集团深谙此道，坚持在坚定信念、坚守品牌、追求卓越的道路上，不断前行。我们深知，只有最好的自己，才能为孩子们提供最优质的教育；而开放的心态，则是我们不断吸收新知、适应变化、实现可持续发展的不竭动力。

我们团队以惊人的毅力与热情，投入一场场学习的盛宴中。为期三个月

的 66 个工作日里，我们共举办了 57 次白天的专业学习成长教研活动，涵盖了幼教领域的各个方面；同时，晚上的时间也没有被浪费，我们举办了 9 次心性提升赢在教育幸福人生特训营分享会、21 次致良知学习会以及 20 节家长学堂课程。此外，还有不计其数的各类会议、线上学习以及义工活动充实着我们的每一天。

这样的学习强度，或许在外人看来近乎疯狂，但对我们而言，这只是通往卓越之路上的必经之站。我们深知，每一次的学习都是对自己的一次投资，每一次的分享都是对团队的一次赋能。据统计，这三个月里，老师们自费投入学习的费用已超过九万元，我个人也贡献了三万元。然而，这些数字背后所代表的，远不止金钱的消耗，更是我们对教育事业的热爱与执着追求。

展望未来，我们将继续秉承"坚持做最好的自己，保持开放的心态"这一核心理念，不断探索、学习、成长。我们相信，只要我们不断努力、持续进步，就一定能够带领我们的团队走向更加辉煌的明天。因为在这个充满挑战与机遇的时代里，唯有不断学习、勇于探索的团队，才能成为引领行业发展的先锋力量。从要我学变为我要学，从要我做变为我要做，这只是一个开始，但这是一个从被动到主动的跨越，也是我们践行突破突围、改革促进迭代性的体现，在学习中传承，在传承中蜕变，在蜕变中创新，让生命不断焕发出新的光彩！

人才不是天上掉下来的。就算天上能够掉人才，如果没有良好的生存与发展环境，没有他们发挥的余地和相应的待遇，也会一个个地离开。要破解"人才瓶颈"，不能靠喊，而要靠做，要靠人才管理体制、培养机制、园长要有长远的眼光和广阔的胸襟，真正建立一套有利于人才成长、人才发挥作用、人才积极性调动的机制，担负起应尽的历史使命和社会责任。

第三章　事——修身：理念到位

幼儿园里，家长们都关心哪些事情呢？每当家长见到孩子时，他们常常问的第一句话是什么？是"吃了吗？""学了什么？""安全吗？""有人欺负你吗？"这些都是家长们非常关心，也是我们应当关注的事项。安全是首要之事，其次是教育，接着是保育，最后是家园共育。这些都是幼儿园里大家最为关注的问题。

我们的办园目标是打造中国式幼儿园，以和谐和睦的爱文化为核心，培养能够适应未来世界环境变化的中国人。如何才能真正培养出适应未来世界环境变化的中国人，如何使这一理念落地生根，让它不再是空谈，在于将理念转化为具体的行动。

第一节　安全——构建危险源防范网络体系

在构建一所优质的幼儿园中，安全始终占据着至高无上的地位，犹如天空之于万物的庇护，保教质量则是大地之于生长的滋养。两者相辅相成，缺一不可，共同构成了幼儿园发展的基石。安全是幼儿园一切工作的前提，没有安全的保障，任何教育成果都将失去根基。而保教质量，则是幼儿园追求卓越、赢得口碑的关键，是让孩子们在安全环境中茁壮成长的土壤。

围绕"建立幼儿园安全防范网络体系"这一中心，我们为幼儿园教师提供一套全面、系统的安全工作指南。我们深知，安全工作并非一蹴而就，而是需要通过细致入微的日常管理和持之以恒的教育渗透，逐步建立起涵盖人、事、物全方位的安全防范网络。

一、构建安全防范网络体系

（一）现实意义

安全对于幼儿而言，不仅是营养供给的关键，还是促进其健康成长的基础。幼儿正处于身体和心智发展的关键阶段，因此，为他们提供安全、健康的食物环境，是幼儿园及其教育者不可推卸的责任。《幼儿园教育指导纲要（试行）》明确指出，幼儿园的工作首要任务是确保幼儿的生命安全与健康。

在当前国家大力推动学前教育的背景下，幼儿园安全工作已上升为确保保教质量、维护幼儿权益、满足家长期待的核心要素。安全不仅关乎物质条件，更是一个综合体系的体现，它涉及环境安全、饮食安全、活动安全等多个层面，是衡量幼儿园整体质量的重要指标。

构建安全防范网络体系，旨在通过多层次、全方位的措施，有效预防和减少安全事故的发生。这不仅能够减轻幼儿园管理者和教职工的心理负担，提升其工作效能，还能够增强家长对幼儿园的信任，促进家园合作，共同营

造安全、和谐的教育环境。

面对日益增多的幼儿在园安全事件报道，构建安全防范网络体系显得尤为紧迫和重要。这不仅是一项应对挑战的策略，还是实现幼儿园可持续发展的必要基础。通过建立科学合理的安全管理体系，可以有效地预防潜在的风险，为幼儿的成长提供一个安全无忧的环境。

职业倦怠问题在教育领域并非个例，特别是在面对安全压力时，教师和管理人员可能会感到力不从心。构建安全防范网络体系，不仅能够分担个体的压力，还能通过团队协作、资源优化等方式，提升整个系统的韧性，从而减少职业倦怠现象。

安全防范网络体系的构建，意味着从源头上采取预防措施，而不是在事故发生后被动应对。这包括但不限于制定详细的食品安全标准、执行严格的采购和存储流程、定期进行健康检查、提供安全教育课程、开展应急演练等。通过这些具体实践，不仅能够确保幼儿的食品安全，还能培养他们的自我保护意识，形成全社会共同参与的安全文化。

综上所述，构建安全防范网络体系是确保幼儿健康成长、提升教育质量、维护社会稳定、促进全面发展的重要途径。它不仅体现了对生命价值的尊重，也是对社会责任的担当，对于推动学前教育事业的健康发展具有深远意义。

（二）幼儿园安全工作规范、系统、科学的需求

幼儿园安全工作的规范、系统、科学是幼儿园安全、顺利进行保教工作的基本保障。幼儿园的安全工作象一台完整的机器，只有规范、系统、科学才能保证其完好运行。应因地因园制宜，构建起具体细致、规范科学的全覆盖式、无缝隙的"安全防范网络体系"。从危险源的辨识到有效控制，层层落实预防安全隐患的发生。

二、建立"安全防范网络体系"的思路和方法

有句话叫作"授之以鱼，不如授之以渔"。掌握做好安全工作的思路和方法，就会主动去预防安全事故的发生。从危险源辨识到有效控制，所以我们

应因地因园制宜，构建起具体细致、规范科学的全覆盖式、无缝隙的"安全防范网络体系"。

（一）危险源辨识

在构建幼儿园安全防范体系的过程中，危险源的辨识与有效控制是至关重要的步骤。通过"授之以渔"的方式，让每一位教职工都能掌握安全工作的核心思路与方法，从而主动预防安全事故的发生，是确保幼儿园安全、顺利进行保教工作的关键。

危险源，亦称为"安全隐患"，是可能导致安全事故发生的潜在因素。识别危险源的过程，即通过观察、分析、评估，找出可能存在的安全问题与风险点。在幼儿园中，这可能包括但不限于：

1. 场所

如教室、卫生间、户外活动区域等，可能存在地面湿滑、设施老化、玩具尖锐边角等问题。

2. 环节

一日生活流程中的各个环节，如午睡、进餐、户外活动、接送等，均有可能出现安全漏洞。

3. 活动

特定的集体活动、游戏、体育锻炼等，可能会因参与者的行为、活动的组织不当而引发安全问题。

（二）构建安全防范网络体系基本思路：

1. 全面备课与梳理

利用教研时间，对一日生活环节进行深入分析，识别潜在的危险源。通过团队协作，将发现的危险源记录并归类，制定相应的预防措施。具体步骤如下：

（1）深入分析

对一日生活各环节进行细致分析，识别潜在危险源。

（2）记录与归类

将发现的危险源进行记录并归类，确保每个环节的安全隐患都被充分识别。

（3）制定预防措施

针对每个危险源，制定具体的预防措施，确保每个环节都有相应的安全保障。

2. 制定预案

针对识别出的危险源，制定详细的应急预案，明确在不同情况下应采取的行动步骤，确保一旦发生紧急情况，能迅速、有效地应对。具体步骤如下：

（1）识别危险源

基于前期的梳理与分析，明确各环节的潜在危险源。

（2）制定预案

为每个危险源制定详细的应急预案，包括紧急情况下的处理步骤和责任人。

（3）培训与演练

定期对教职工进行预案培训和演练，确保每个人都熟悉预案内容并在紧急情况下能够迅速反应。

3. 关口前移，预防为主

通过提前预见和预防，将可能的危险源消除在萌芽状态，避免事故的发生。例如，定期检查设施安全，及时更换老旧设备，对幼儿进行安全教育等。具体措施如下：

（1）定期检查设施安全

定期对幼儿园的设施进行安全检查，及时更换老旧设备。

（2）加强安全教育

对幼儿进行安全教育，提高他们的安全意识和自我保护能力。

（3）日常监督

加强日常监督，确保各项安全措施得到有效执行。

（三）方法

1. 原因分析

通过回顾事故案例，分析事故发生的根本原因，是由于物的因素（如设施缺陷）、人的因素（如操作不当）、还是制度与管理、教育的不足所致。具体步骤如下：

（1）回顾事故案例

收集并分析过往的事故案例。

（2）根本原因分析

明确事故发生的根本原因，区分是物的因素、人的因素还是管理与教育的不足。

（3）制定改进措施

根据分析结果，制定相应的改进措施。

风险评析：根据分析结果，评估风险的可接受程度，制定相应的防范措施。这可能包括加强培训、完善规章制度、提高安全意识等。

2.总结，具体步骤如下：

（1）风险评估

评估风险的严重性和可能性。

（2）制定防范措施

根据评估结果，制定相应的防范措施，如加强培训、完善规章制度、提高安全意识等。

（3）定期复查

定期复查防范措施的执行情况，确保其有效性。

通过系统地辨识危险源、构建安全防范网络体系，并运用直接经验法进行深入分析与风险评估，幼儿园能够有效预防安全事故的发生，为孩子们提供一个安全、健康、快乐的成长环境。这种"授之以渔"的方法，不仅提高了教职工的安全意识与应对能力，也促进了幼儿园整体安全管理水平的提升。制定防范措施加以控制。

三、制定防范措施加以控制

制定防范措施加以控制分为两个部分，一个是安全管理，一个是安全教育。安全管理是防范措施的核心，其目的是通过制度、流程和技术手段来预防、减少和控制安全事故的发生。安全教育是培养儿童自我保护意识和能力的重要途径，其目的是通过教育让儿童了解安全知识，掌握必要的安全技能，从而在日常生活中能够自我保护和避免危险。

（一）安全管理

从几个方面，我们进行了各个岗位，每位教职工的危险源清单汇总与梳理。怎么找危险源，就是哪些场所、哪些环节会出现哪些方面的安全问题。把这个问题的解决就像备课一样来查找，幼儿园一日生活环节当中的危险源，并且在各种教研的时间进行梳理和培训。从老师那里来，然后由老师去解决比你告诉老师要好很多。就好像我们带班的时候，你让孩子自己说的规则孩子更容易去遵守，你给他定的规则，他不一定去做。

1. 园长发挥至关重要的作用

在构建幼儿园安全管理体系的过程中，园长作为核心领导者，发挥着至关重要的作用。其主要职责包括组织全体教职工进行全面、细致的危险源辨识与风险评估，进而制定出幼儿园的安全管理体系文件，对幼儿园的各项活动和环境进行全面的规定和描述。通过这项工作，确保职责分工明确、工作流程条理清晰、标准要求严格，从而构建起一个全面覆盖、无缝衔接的安全防护网络。

首先，园长需动员全体教职工，通过实地考察、讨论交流和案例分析等多种方式，对幼儿园内外的每一个角落进行拉网式的危险源辨识。这不仅包括对硬件设施的仔细检查，如教室、活动区和户外环境的安全隐患，还包括对软件管理的评估，如规章制度、操作流程和应急响应机制的完善。通过深入的危险源辨识，可以准确地识别出可能对幼儿造成伤害的风险点。

其次，基于辨识出的危险源，园长需组织团队进行风险评析，对每一项风险进行可能性和严重性的评估，制定出针对性的预防和控制措施。这一步骤是确保安全管理体系有效性的关键，通过风险评析，可以明确哪些区域或活动需要重点关注，哪些措施最为迫切，从而实现资源的合理分配和优化。

紧接着，园长需负责制定并发布幼儿园的安全管理体系文件，该文件应详细描述各岗位的职责、职权、工作程序和标准要求。文件中应明确规定每位员工的职责范围，确保每项工作都有明确的责任主体和执行流程。同时，通过设定严格的安全标准和操作流程，如安全检查的频率、事故报告的流程、定期培训的要求等，为全体员工提供明确的行为指南和执行依据，从而形成一个自上而下的安全文化，增强全体教职工的安全意识和责任感。

园长在幼儿园安全管理中扮演着战略规划者和执行监督者的双重角色。通过组织危险源辨识、风险评析、制定管理体系文件等一系列行动，不仅为幼儿园构建了一套全面、科学的安全管理体系，也为全体教职工提供了明确的工作指引和行为规范，有效预防了安全事故的发生。全体职工要清楚地知道：自己的岗位流程、每一环节的标准要求和如何自我评估、自我控制。形成全面、系统、科学的管理体系。

这是确保幼儿园安全、顺利、高效运转的基础保障。为孩子们提供了一个安全、健康、快乐的成长环境。

2. 教师承担着至关重要的角色。

在幼儿园的日常工作中，教师作为安全工作的直接执行者和管理者，承担着至关重要的角色。教师应当主动地按照安全工作的思路，对自己的岗位工作流程、班级环境、设施设备进行拉网式的危险源辨识和风险评析，以此来保障幼儿在幼儿园内的安全与健康。

在工作流程方面，教师应当注意到，幼儿在学习活动中的安全同样不容忽视。例如，在教育幼儿安全开关钢琴盖儿的过程中，教师要确保幼儿了解正确的操作方法，避免误触钢琴内部部件导致伤害。同样，在使用小剪刀等工具时，教师需要教授幼儿正确的握剪方法和使用技巧，避免剪伤手指或其他部位。

在班级环境中，教师需要对可能存在的危险源进行细致排查。如在教育孩子安全开关门的过程中，教师不仅要教会幼儿正确开关门的动作，还要强调不要在关门时反向拉扯，以免造成手指夹伤。此外，教师还需留意班级内是否有尖锐物品或易碎物品，确保它们远离幼儿的触及范围，防止意外伤害。

在设施设备的使用过程中，教师同样需要进行危险源辨识。例如，上下楼梯时的注意点，教师需要时刻提醒幼儿扶好栏杆，避免奔跑、推搡等行为，以防摔倒或碰撞。在盥洗室，教师要特别关注如厕时的秩序，引导幼儿一个跟着一个走，避免拥挤造成的踩踏风险，同时确保幼儿在使用卫生设施时的个人卫生安全。

通过上述的危险源辨识与风险评析，教师不仅能够及时发现并预防潜在的安全隐患，更重要的是，这一过程有助于教师自身养成良好的工作习惯。

例如，教师在每次活动开始前，都会先进行安全检查，确保环境和设备的安全性；在活动结束后，会对活动过程中的安全措施进行反思和总结，不断提高自身的安全意识和服务水平。

"我的成功归功于幼儿园"，这句话反映了教师在幼儿园这个大环境中，通过不断的学习、实践和反思，不仅实现了个人的专业成长，还在幼儿园这一平台的支持下，将对幼儿安全的承诺转化为实际行动。幼儿园提供的专业培训、资源支持和团队合作，为教师提供了成长的土壤，使得他们在面对教育挑战时，能够更加自信、高效地发挥作用。因此，教师的成功与幼儿园紧密相连，幼儿园不仅是教师职业生涯的起点，也是他们专业发展的重要支撑。

3.养成好习惯

良好习惯的培养是个人健康生活和职业成长的基石。在幼儿园这一特定的环境中，良好的工作习惯不仅能够确保教育质量和安全，还能促进团队的整体发展，推动各项工作高效、规范、有序地进行。那么，如何才能有效地养成良好的工作习惯呢？

自觉遵守与执行规章制度：幼儿园体系文件中的各项规章制度和作业指导书是工作规范的指南。职工应自觉遵守这些规定，认真执行其中的各项要求。这不仅是一种纪律约束，也是对自己和他人安全的负责。

明确工作流程与标准：理清自己一日工作的流程，将每一步工作中的标准、要求和职责详细列出，并将其作为工作规范的一部分。这不仅能帮助记忆和执行，还能在一段时间内保持工作的一致性和稳定性，减少错误和混乱。

实践"PDCA闭环管理"。"PDCA"是持续改进的循环过程，即计划（Plan）、执行（Do）、检查（Check）和行动（Act）。在工作中应用PDCA闭环管理，可以确保每个环节都有明确的目标、执行计划、检查标准和改进措施，从而不断提升工作效率和质量。

团队支持与指导。园领导班子应有目的、有计划地对职工的工作进行指导和检查，通过定期的培训、工作坊、一对一辅导等形式，帮助职工识别并纠正不良习惯，指导他们如何更高效、更规范地完成工作任务。这种支持不仅限于指出问题，更重要的是提供解决方案和改进策略，以促进职工个人和团队的整体成长。

通过上述方法，教师不仅能够在日常工作中形成良好的工作习惯，还能在团队中树立榜样，带动整个团队向着更高效、更安全、更有序的方向发展。这种良性循环不仅有助于个人职业成长，也为幼儿园创造了一个健康、稳定、高效的工作环境。

（二）安全教育

通过安全教育，进一步增强防范意识，提高安全自救能力，及时排除各类安全隐患，防止事故发生。幼儿园安全教育包括幼儿安全教育、家长安全教育、教职工安全教育。

1. 幼儿安全教育

幼儿安全教育是一个全面而复杂的过程，它涉及幼儿生活的多个方面，旨在提高幼儿的自我保护意识和能力。危险源辨识的过程就是对幼儿进行现场的安全教育的过程。

以下是对幼儿安全教育的几个主要分类：

（1）身体安全教育：

a. 防跌倒和防碰撞

教育幼儿如何正确走路、跑步、上下楼梯，避免在不安全的环境下玩耍。

b. 防烫伤和烧伤

告知幼儿热水、热食物、燃烧的物品都是危险的，教育他们不要触摸。

c. 防触电

教育幼儿不要触摸电源插座、电线等，避免接触可能带电的物品。

（2）饮食安全教育：

a. 合理饮食

教育幼儿均衡饮食，了解哪些食物有益健康，哪些食物可能有害。

b. 食物选择

告知幼儿不要随便吃陌生人的食物，注意食品的保质期和来源。

c. 正确用餐

教育幼儿如何使用餐具，避免吞咽大块食物噎住。

（3）交通安全教育

a. 交通规则

教育幼儿遵守交通规则，如红灯停、绿灯行，过马路时走人行横道。

b. 行走安全

告知幼儿不要在马路上奔跑、玩耍，避免被车辆撞到。

c. 乘车安全

教育幼儿如何安全乘坐各种交通工具，如系好安全带、不把头伸出窗外等。

（4）消防安全教育

a. 火灾预防

教育幼儿不要玩火，不乱丢烟蒂，知道火灾发生时的逃生方法。

b. 灭火知识

简单介绍灭火器的使用方法，教育幼儿遇到火灾时如何求助。

c. 火警意识

培养幼儿对火警信号的敏感度，知道何时需要立即离开火场。

（5）网络安全教育

a. 个人信息保护

教育幼儿不要随意泄露个人信息，如姓名、地址、电话号码等。

b. 在线行为规范

告知幼儿网上行为的规范，避免在网上与陌生人交往。

c. 识别网络风险

教育幼儿识别网络诈骗、不良信息等内容，避免受到网络侵害。

（6）环境安全教育

a. 家庭安全

教育幼儿家中危险物品的存放位置，如药品、清洁剂等，避免误食或误触。

b. 社区安全

了解社区的安全设施，如消防栓、急救站的位置，知道在紧急情况下的求助途径。

c. 外出安全

教育幼儿外出时应有大人陪伴，知道如何在公共场所寻求帮助。

（7）心理安全教育

a. 情绪管理

教育幼儿认识和表达自己的情绪，学会基本的情绪调节技巧。

b. 人际交往

培养幼儿的社交技能，教育他们如何与他人友好相处，识别和避免欺凌行为。

c. 遇到困难时的求助

教育幼儿遇到困难或感到害怕时，应向成人寻求帮助。

通过这些分类，幼儿安全教育可以系统、全面地覆盖到幼儿生活的各个方面，帮助他们建立起初步的安全意识和自我保护能力。

2. 教职工安全教育

教职工安全教育是为了提升教职工在幼儿园工作中的安全意识和应对能力，确保他们能够为幼儿提供一个安全、健康的学习和成长环境。安全教育的分类通常包括以下几个方面：

（1）法律法规教育

安全生产法、劳动保护法等相关法律法规的教育，帮助教职工了解自己的权利和义务，以及在事故发生时的法律责任。

（2）安全管理制度教育

幼儿园内部的安全管理制度、应急处理流程、事故报告机制等，使教职工明确工作中的安全规范和流程。

（3）紧急应对与疏散演练

包括火灾、地震、突发疾病等紧急情况下的应对措施、疏散路线和集合地点的教育和演练，确保教职工能够快速、有序地应对突发情况。

（4）安全技能培训

如心肺复苏、创伤急救、火灾逃生技巧等实际操作技能培训，增强教职工在紧急情况下的自救互救能力。

（5）心理健康教育

教育教职工如何识别和处理工作压力、情绪问题，以及如何在面对幼儿和家长时保持良好的心理状态。

（6）信息安全教育

包括网络安全、数据保护、隐私权保护等方面的教育，确保教职工在数字化工作环境中遵守信息安全管理规定。

（7）幼儿安全教育的指导

教师如何在日常教学活动中融入安全教育元素，如食品安全、交通安全、网络安全，如何应对幼儿在安全教育中的常见问题和挑战等。

（8）职业健康与安全

教育教职工如何保持良好的工作姿势，预防职业病，以及如何在长时间工作后进行适当的休息和恢复。

（9）环境安全教育

包括幼儿园设施设备的安全检查、维护保养知识，以及如何识别和消除环境中的潜在安全隐患。

（10）危机管理与沟通

教育教职工如何在面对危机事件时进行有效的沟通与协调，以及如何与家长、社区保持良好的沟通，共同维护幼儿园的稳定与安全。

通过这些分类的教育，教职工不仅能够提升自身的安全意识和技能，还能够更好地履行职责，为幼儿提供一个安全、健康、和谐的学习和成长环境。

3. 家长安全教育内容

（1）安全协议书内容的解读

协议书目的：明确家长与幼儿园双方在幼儿安全方面的责任与义务。

内容解析：包括入园安全须知、事故处理流程、紧急联系人信息、家长接送规定、幼儿健康管理要求等。

重点注意事项：强调家长应定期阅读和理解协议书内容，及时更新个人信息，确保通信畅通。

（2）家长与幼儿园配合的注意事项

沟通与反馈：定期与教师沟通幼儿在园表现，及时反馈幼儿在家情况，共同关注幼儿成长。

合作参与：参与幼儿园组织的安全教育活动，如消防演习、安全讲座等，增强安全意识。

应急准备：了解幼儿园的应急响应流程，家中备有常用急救包，与幼儿园保持一致的紧急联系方式。

（3）幼儿居家安全常识

电器安全：教育幼儿不触碰电源插座，不在床上或沙发上玩耍。

饮食安全：教导幼儿正确使用餐具，避免食用生冷或变质食物。

药物管理：家中药物应妥善保管，避免幼儿误食。

防火防烫：教育幼儿远离火源，小心使用热水。

（4）幼儿在公共场所的安全常识

个人财物：教导幼儿保管好个人物品，不轻易交给陌生人。

陌生人的应对：学会基本的自我保护语言，如"我不认识你"，避免跟随陌生人离开。

公共场所规则：了解并遵守公共设施的使用规则，如游乐场的安全须知。

（5）法律法规知识的了解

儿童权益保护法：了解基本的儿童权益保护法律，知晓幼儿在遇到不公时的求助途径。

安全教育法律：学习相关法律法规，如《中华人民共和国未成年人保护法》，了解幼儿安全教育的法律要求。

（6）幼儿园安全制度的了解

入园离园制度：熟悉幼儿园的接送规定，确保幼儿按时安全接送。

健康管理制度：了解幼儿园的健康监测流程，配合做好幼儿的健康管理。

安全应急预案：了解幼儿园的事故应急预案，知道在紧急情况下的正确应对措施。

（7）必要的安全知识和事故处理技能的培训

基本急救知识：学习简单的急救技能，如人工呼吸、止血等。

心理急救：了解如何安抚受惊的幼儿，提供心理支持。

安全教育游戏：通过游戏方式教育幼儿识别危险，提高自我保护能。

通过这些内容的教育和培训，家长可以更好地与幼儿园合作，共同为幼儿构建一个安全、健康、快乐的成长环境。

4. 教师职业道德规范的教育

教师职业道德，关于安全、关于责任，归根结底就是一个字——爱，就是培植神圣的大爱。幼儿心理需要安全感，社会上的有违师德的虐童行为，归根结底是教师师德的不到位，缺失爱心，幼儿园教师职业道德形象面临着严峻的考验！

师德，全称为"教师道德"，是教师在从事教育职业活动中所应遵循的行为规范和道德准则的总和。它是教师职业素质的重要组成部分，是衡量教师职业品质和社会地位的重要标准。师德不仅体现在教师的教育教学行为上，也体现在教师对学生的关爱、对知识的追求、对社会的责任感等多个方面。师德的培养和实践是教师个人成长和职业发展的重要内容，也是提升教育质量、促进学生全面发展的重要保障。随着社会的发展和教育理念的变化，师德的内涵也在不断丰富和发展。

"疼爱自己的孩子是本能，而爱别人的孩子是神圣。"这种神圣的"大爱"，应该成为我们幼儿教师的灵魂！

（1）"活动育人"的理念

在活动中生成，在体验中感悟，在感悟中内化为"爱"的行为，积极开展主题鲜明、形式多样、丰富多彩的培植"大爱"的师德师风建设活动。"爱心、专业、责任"师德教研活动，从生命来源入手，以尊重生命，敬畏生命为本，开展了系列让师德可见、师德可学、师德可用的师德落地式教研，让爱成为幼儿教师的灵魂。《保育版小苹果》《安全快板》《身边的榜样》等受到广泛好评，也更激发了我们前进的动力。教师团队打造、师德演讲、交流谈心、心理疏导、读书活动、安全案例学习、物品还原习惯等活动，都有利于教师师德自律意识的养成。

（2）各类活动前安全预案到位

有力地保障了大大小小活动的有序成功开展。从每个孩子的负责人到每个入口的安排，从内部人员安排到与公安干警的联系都做了详细安全策划实施。

（3）建立规则意识

如何确保活动的有效性？如何内化为教师工作的常态行为？进行规范管理建立规则意识，实施他律这是确保师德建设有效地关键。规章制度和作业指导书就是幼儿园的"规则"，是为了约束工作者工作中的行为。没有堤岸无以成江河，有了堤岸，江河才能自由地奔腾，这个堤岸就是"规则"。脱离了"规则"的自由不是真正的自由，有"规则"的自由才是真正的自由！脱离了"规则"的教师，不良的行为就会日益膨胀；有"规则"的教师才能培养成为合格的教师或者成为优秀的教师！

（4）注教师道德自律意识的培养

自律，就是自我约束能力。关注教师的自律意识的培养，这是确保师德建设有效地保障。要培养整洁、有序的习惯。整洁通常和有序连在一起，做到了整洁，便是有序；把事物都放在正确的位置，这就是有序。整洁的幼儿园能够培养出有秩序的教师。

①还原意识的培养，各种物品都要注意还原，如抹布、拖把用完是否放回原处。

②环境保持干净清洁，每个人的衣着、鞋子，桌面等是否干净清洁。

③学会条理性。储藏间档案化，即使一张纸，一支笔也要看到有管理。

④拿到公共场所去的东西要完美，如贴出去的文字性的东西，不能有错别字，页面要干干净净等等。

（5）读书习惯的养成

引导教师追求一种平和的心态，鼓励教师们不管在工作中还是生活中多读书。"人读百家书，故能养其气。"云天园开启"月读分享计划"，定于每月25日举行"提品质读书交流会""文章分享会"。在园长的推荐下，全园老师利用教研或业余时间学习魏书生老师和陶继新老师的《种好心田》，以此开启读书行动。除此之外还进行专业书籍、中外经典名著的学习。书读多了，自然而然就会受到书本的影响，一言一行依书而行，形成读书人特有的言行举止。"书卷气"给人以温文尔雅的感觉，养成沉稳的性格，避免偏激性格的形成，对自律精神的培养有着促进作用。

（6）幼儿园安全制度的学习与解读

只有深入学习并理解各项规章制度，才能明确自己在工作中的职责、具体行动指南以及工作成果的评价标准，同时知晓谁将负责监督与评估教师的工作表现。在班级管理中，应建立在班长的统一领导下，实现分工明确、职责清晰的运作模式。班长作为全面负责人，应当统筹规划，设定工作目标和方向；配班教师则各司其职，专注于各自负责的领域，共同配合班长做好班级的安全管理工作。班级工作涵盖了从日常事务到特殊活动的方方面面，无论是班长预见到的任务还是额外的安排，全班成员都应认真执行，确保任务的高效完成和细节的落实。对于班长未能预见的情况，配班教师应主动思考解决方案并付诸实践。此外，定期开展必要的安全知识和事故处理技能培训，对于提升班级整体的安全意识和应对突发事件的能力至关重要。这包括但不限于传染病的预防知识、烫伤和烧伤的急救方法以及如何妥善处理抽风等紧急情况等。同时，增强对法律法规知识的理解，对于确保班级活动的合法性和安全性同样不可或缺。这不仅有助于避免违反相关规定带来的风险，还能在必要时为班级活动提供法律依据和保护。

三、安全事故的应对

当安全事故出现时，园长切忌把责任教师推到风口浪尖；园长应该以组织的形式协调解决。

（一）及时救助受伤幼儿

1. 作为教师要及时处理受伤幼儿的伤势。要马上判断幼儿受伤的大致情况。

2. 教师要安抚幼儿的情绪，及时帮助幼儿消除恐惧，给予更多的爱抚和鼓励。

3. 事后，教师要善于抓住教育契机教育幼儿

（二）指导教师做好后期处理工作

当幼儿园发生事故后，一系列有序、周密的流程与措施显得尤为重要，以确保所有相关方得到妥善照顾，同时也最大限度地减少事故对幼儿园声誉的影响。

1. 紧急响应与报告

第一时间到达现场：幼儿园领导应迅速抵达事故现场，对情况进行初步评估。

紧急电话报告：若事故情况严重，应立即通过紧急电话向上级领导、相关部门或紧急服务单位报告，启动应急预案。

现场控制与安全：确保现场安全，避免二次伤害，对受伤者进行初步急救。

2. 心理支持与教师安抚

心理疏导：领导层应及时对涉事教师进行心理支持，提供正面暗示，鼓励他们面对困难，避免过度自责或压力累积。

理解与宽容：对教师给予理解与宽容，减轻其精神压力，避免指责或批评，

促进团队和谐。

3. 家访与幼儿关怀

当天家访：事故发生当天，幼儿园领导和教师应进行家访，详细了解幼儿的伤情，表达慰问与关心，提供必要的心理支持。

沟通与反馈：与家长进行深入沟通，了解家庭需求，提供必要的信息支持，确保家长对事故处理过程的知情权。

4. 家长安抚与沟通

诚恳沟通：以诚恳的态度与家长沟通事故经过，既不强词夺理，也不隐瞒事实，保持透明度。

后续跟进：建立与家长的持续沟通渠道，解答疑问，提供事故处理的最新进展。

5. 后续处理与事故分类

轻度事故处理：根据事故性质，采取相应的医疗救治、心理辅导等措施。

重大事故处理：除常规处理外，还需加强法律咨询，明确事故责任，确保后续处理的合法性与合理性。

6. 事故处理原则

三不放过原则：事故原因分析不清不放过，没有整改措施不放过，教师和幼儿没受到教育不放过，确保事故得到全面、彻底解决。

明确责任：在事故处理过程中，明确事故责任归属，区分责任范围，确保公正处理。

7. 法律知识与法律顾问

法律知识培训：幼儿园领导与教师应了解相关法律法规，增强法律意识。

法律顾问介入：必要时聘请法律顾问，提供法律咨询与援助，协助解决法律纠纷，维护幼儿园的正当权益。

8. 责任承担与权益维护

主动承担责任：对确属幼儿园责任的事故，应勇于承担相应责任，展现专业与诚信。

依法维权：对不属于幼儿园责任的情况，应依法维权，捍卫幼儿园的合法权益，确保公正与公平。

通过这一系列流程与措施，幼儿园能够有效应对事故，确保师生安全，维护幼儿园的良好形象与合法权益。

（三）家园沟通实战演练

谈及幼儿园与家长的沟通，我们先要明确何谓家长。所谓家长，旧称一家之主，现在指父母或其他监护人。幼儿园中的家长都有谁呢？孩子的父母、祖父母、外祖父母……做好家园沟通，要彼此了解，互相帮助。

1. 家长眼中的好老师

老师要有爱心、责任心、耐心。老师与孩子要平等相处，既师又友；性格开朗、活泼、热情、单纯、自信；

关注孩子身心健康、快乐；对孩子一视同仁，因人施教，多鼓励孩子，注重孩子的个性培养；老师要有好的心理素质，积极的心态；有好的行为习惯、作风正派，具备专业知识，有丰富的经验，正确引导幼儿。在生活中要能够观察孩子，懂得孩子的想法；孩子喜欢老师，家长就喜欢。

2. 孩子喜欢什么样的老师妈妈

喜欢笑着的老师妈妈，喜欢漂亮的老师妈妈，喜欢总表扬我的老师，喜欢会画画和捏橡皮泥的老师，喜欢弹钢琴的老师，喜欢和我玩滑梯、玩抢椅子游戏……的老师，喜欢长头发、卷卷头发的老师，喜欢会讲故事的老师，喜欢唱歌时候的老师妈妈、英语课上的老师妈妈，喜欢中秋节和春节各种节日活动中装扮好的老师妈妈。

3. 何谓沟通？

（1）沟通

这一过程旨在为了实现特定的目标，通过信息、思想与情感的传递，使得个人或群体之间能够达成共识。这一过程的三大核心要素分别是：首先，必须有一个明确且具体的目标，这是沟通的前提与动力所在；其次，沟通的目的在于最终达成一个共同的协议，这体现了沟通的最终价值与意义；最后，沟通的实质内容是信息、思想和情感的交流与共享，这是沟通得以进行的根本载体。因此，沟通是一个复杂而多维的过程，它不仅关乎信息的传递，还在于通过有效沟通，促进理解、协调与合作，从而推动目标的实现与关系的和谐发展。

（2）何谓有效沟通？

所谓有效的沟通，是通过听、说、读、写等思维的载体，通过演讲、会见、对话、讨论、信件等方式准确、恰当地表达出来，以促使对方接受。达成有效沟通须具备两个必要条件：首先，信息发送者清晰地表达信息的内涵，以便信息接收者能确切理解；其次，信息发送者重视信息接收者的反应并根据其反应及时修正信息的传递。

（3）秀才买柴

有一个秀才去买柴，他对卖柴的人说："荷薪者过来！"卖柴的人听不懂"荷薪者"（担柴的人）三个字，但是听得懂"过来"两个字，于是把柴担到秀才前面。秀才问他："其价如何？"卖柴的人听不太懂这句话，但是听得懂"价"这个字，于是就告诉秀才价钱。秀才接着说："外实而内虚，烟多而焰少，请损之（你的木材外表是干的，里头却是湿的，燃烧起来，会浓烟多而火焰小，请减些价钱吧）。"卖柴的人因为听不懂秀才的话，担着柴就走了。

4. 如何与家长进行有效沟通？

随着独生子女时代的到来，孩子更加成了家中的宝贝，尤其是家长对孩子的疼爱和望子成龙、望女成凤的心情，有时候给我们的家园有效沟通带来很大挑战。我们就通过幼儿园的一些常见的案例，来和大家一起讨论如何做好家园有效沟通。

（1）情景一

家长半日开放活动中，希希每个问题都积极举手回答，开始老师也叫了他一次，后来的发言中，虽然希希每次都把手举得老高，但是，老师却始终没有叫到希希。希希的妈妈本来就非常在意老师对孩子的关注，所以，下课后，希希妈妈非常不高兴地找到了老师，大声地斥责老师为什么不叫希希回答问题。

面对家长的不满和要求，教师该怎么办呢？你还有哪些解决办法？

建议：半日开放时提前召开家长会，将活动的目的、意义、流程交代清楚。个别家长可提前进行沟通，说明幼儿的现实情况。上课要了解幼儿的特长，做到心中有数，要有预见性。遇事要镇定，先安抚家长情绪，再进行交流沟通。表扬幼儿，进行自我批评，可提出一点对幼儿的建议。

（2）情景二

到了午睡时间，两名小朋友在床上一边脱衣服一边聊天，也许聊得不投机，于是，一名女孩被另一名女孩用手抓破了脸，比较严重。教师见此情景及时请保健医进行了处理，可一想到女孩的妈妈平时对她百般疼爱呵护的表现，想到她稍微有点不舒服时，妈妈就大呼小叫夸张的表情，教师犯难了：该怎么把孩子受伤的事情告诉妈妈呢？

面对这样的事情，老师该怎么办呢？

建议：了解事情发生的经过，掌握幼儿的受伤程度。及时通知家长，注意方式方法，用专业的语言进行交流；向家长简述事情发生的过程，勇于承担责任；应理解家长的心情，接受家长的一些意见和建议，讲求因人而异的沟通策略。

（3）情景三

宝宝升班后，换了新的班主任，有些不高兴，就希望爸爸和园长妈妈说说，换个班。爸爸找到了园长妈妈，希望调个班，园长妈妈没有同意，希望让孩子试试后再做决定。与此同时，园长妈妈也和宝宝的班主任进行了沟通……

接下来，班主任该如何做，才能留住宝宝？大家还有什么好方法？

建议：这个真实案例中，老师的解决方法是：1. 积极应对，不能逃避。当知道此事时，她就去找园长了解了情况，知道原因后，她就对自己说，我不能让孩子离开这个班，我一定要去解决问题。2. 尊重和理解家长，真诚与家长进行沟通，讲求因人而异的沟通策略和技巧。当天下午，当宝贝的爸爸来接宝贝时，老师就主动和家长进行了沟通。认真倾听了家长的想法，了解了家长的顾虑，并表示了理解。但同时，老师也说"我很理解您的顾虑，但是您觉得这样可以吗？"老师就真诚耐心地与家长讲述了对于此事她的想法，并用专业的语言去引导家长，最终，家长决定让宝贝留下试试。3. 用爱心、细心、责任心对待孩子，让家长看到孩子的进步和成长。当宝贝的爸爸决定让宝贝留在班级时，班级的三位老师一起努力，用全部的爱心、耐心、细心去照顾孩子，努力提高孩子各方面的能力，让孩子喜欢自己生活学习的班级，喜欢身边的小朋友，喜欢自己的老师妈妈，让孩子有所学。通过孩子回家的反馈，家长对老师渐渐了解了，理解了，信任了，对于班级的工作也渐渐支持了。直到现在，宝贝的爸爸妈妈对于班级的工作特别支持。因此，这个老师说：走进孩子的心里，真正成为孩子的朋友，是我们成功的保证。

5. 走进孩子心里

如何走进孩子的心里？走进孩子的心里需要什么？想了解孩子需要知道孩子的每一个年龄段的发展特点（敏感期），要想知道这些，就需要不断学习、提高。学习不是一蹴而就的，而是持之以恒做的事。

"幼儿为本、能力为重、师德为先、终身学习"教师要主动适应经济社会和教育发展的要求，不断优化知识结构，不断提高文化修养，做终身学习的典范。

二、全方位安全管理，确保幼儿健康快乐发展

（一）学校安全工作机制

1. 成立了安全小组，有专门的安全机构，落实"一岗双责"。聘请专门保安保卫人员。

2. 有年度和学期安全工作计划及总结，安全工作列入议事日程并有会议记录。

3. 幼儿园与各岗位签订了安全责任书，严格落实事故责任追究制度。

4. 设有各种安全预案，符合幼儿园需要。

5. 安全经费支出通畅，满足需要，已投幼儿意外伤害险。

6. 全面接受教育主管部门安全管理，及时沟通汇报。

安全管理，层层落实：幼儿园不仅成立了安全领导小组，还与每位教职员工、家长层层签订了安全责任书，明确安全管理的责任和义务，全方位做好幼儿的安全工作。

（二）安全设施建设

幼儿园按要求配置了摄像头，数量符合安保要求。幼儿园各楼层设有各种消防设施应急设备。

安保器械齐全，救援物资设备满足需要。

按规定配备消防及各类安全设施设备，专人负责定期检查。

各类用电设备与线路、开关相匹配，无线路老化、裸线或未穿管现象。

燃气用具放置合理，并做到定期检查，防止泄漏。

食堂消毒、餐具存储等设备齐全并符合要求，环境卫生。

（三）幼儿园安全工作常规管理

1. 有全岗位安全工作流程化管理制度并严格落实。

2. 幼儿园实行弹性封闭式管理，门卫值班规范，巡逻到位；重点时段有园务会及专业组每天2人进行值班巡查，并及时记录。

3. 园务人员、办公室、保安进行定期的分类安全隐患的排查并及时整改，集团总部安全部也定期检查。

4. 幼儿园关注安全文化建设，设有安全的宣传廊、班级安全小卫士，有安全疏散示意图和各种安全警示语，形成安全文化氛围。

5. 每学期进行安全的演习，在演习中提升教师、幼儿的自我保护能力。

安全教育，注重体验：利用安全长廊环境影响、安全问卷提示、安全周教育活动、安全一分钟活动等全面提升教职员工及幼儿的安全意识，注重各类安全预案的演习，比如：防火、防震、防走失等。

安全检查，重在防范：注重幼儿的进出安全，如家长接送孩子凭接送卡，外来人员务必登记等，坚持园务人员、安全分管主任、安全负责人分别进行每日、每周、每月不同层面的安全隐患排查及检查，以确保幼儿的安全。

（四）疾病防控与食品卫生安全。

1. 有幼儿入园查体，幼儿园保健医进行安全晨检，每班坚持日常晨检。

2. 食堂原料采购、加工等操作规范，台账规范，留样足量。

3. 有食品卫生许可证，工作人员有健康证，从业人员穿戴工作衣帽。

4. 严格执行定期消毒制度，消毒方法符合卫生部门规定。

按照《托儿所、幼儿园卫生保健管理办法》与《托儿所幼儿园卫生工作规范》要求，建立健全卫生保健制度。同时，为进一步落到实处，幼儿园制定了31项流程。

科学合理的一日生活作息制度是孩子身心和谐发展的保障。根据幼儿年龄特点及季节变化来制定一日生活作息制度，保证户外2小时。

建立职工和幼儿健康档案。职工每年一次查体，查体率及合格率均达

100%；新生入园查体率为 100%；横向观察幼儿的健康状况：幼儿体格检查每半年一次，2013 年幼儿查体率达到 99%。幼儿健康检查 2013 年检查结果：贫血患病率为 0，视力不良为 10%，龋齿患病率为 30%。纵向观察幼儿的健康状况：入园建立健康档案，

使用小儿生长监测曲线图，动态观察幼儿体格发育情况，撰写小儿生长监测手册。

关注幼儿心理健康。3 至 6 岁是幼儿心理发展和人格形成的重要时期，也是幼儿社会化的初始阶段。在幼儿阶段出现问题，会对幼儿今后发展有着长远的影响。建立心情卡，进行适当心理偏移专案。

及时全面的传染病预防措施。严格晨检、物品消毒，对门把手、桌面物体表面消毒，每日三次。督导幼儿用肥皂洗手，预防病从口入，传染病预防的培训，48 小时不低于 100g 食品留样。

幼儿四季食谱，保证幼儿充分营养需要。根据《中国居民膳食营养素参考摄入量》标准：针对 2.5 至 6 岁儿童，编写了《幼儿四季营养食谱》。分春夏、秋冬两册，自然食物、易于幼儿消化、食物多样、营养平衡、比例适宜。蛋白质占总热量的 12-15%、脂肪占总热量的 25-30%、碳水化合物占总热量的 50-60%、钙元素占标准供给量的 84%。制定营养食谱并按量严格执行，满足幼儿各种营养素需求，以提供各种生理机能和进行活动所需的能量。施行几年来收到很好的效果。

流程化让行为有依据。在一日生活中，每一个环节的组织都是流程化的，这让每个老师的行为有了很好的依据。

（五）各类活动促进园所全面提升

1.关注师德建设变说教式为共情式培训与教研

师德大教研、师德案例演讲、用心教育等师德培训，教师一句话引发的思考……讲述自己上学经历老师带给自己的感受。学会正面语言，每一句话表达的动机和目的是什么？

2.户外活动的打造

研究户外活动材料投放，力求材料丰富，满足幼儿身体和活动的需要。利用集体项目开展跳绳、拍球、丢沙包等大区域情景游戏、自制器械游戏。

每天晨间入园利用空间让幼儿进行锻炼。

3. 家委、伙委专题会议，带动辐射教育力量，参与幼儿园管理

植根于家园共育，充分利用家委伙委会议扩大会，让更多家长走进幼儿园管理，了解幼儿园爱的行动，同时激励家长用正确的观念更好地教育幼儿。

4. 走出去请进来，如交警阿姨进课堂等，各级领导检查指导

（六）安全儿歌、故事、歌曲的学习

1. 安全儿歌

我们的教育理念始终坚信，安全教育不仅仅是课堂上的几小时，而是贯穿于孩子们每日生活的点滴之中。因此除每周一节的安全教育课程外，我们总结整理归纳了至少 35 首安全儿歌，包含了入园一日生活安全，饮食安全，公共场所安全，防火雷电安全，保护五官，交通安全等众多方面的安全内容。班级老师可以根据自己班级孩子的年龄特点选择一些内容适宜的儿歌，在音乐时间或者活动间隙学习，旨在以轻松愉快的方式，让孩子们在歌唱中学习安全知识，培养他们对生活安全的敏感性和自我保护能力。

入园一日生活安全儿歌

《幼儿园的一天》

早上入园笑嘻嘻，手拉手儿进校门。

老师欢迎问声好，安全第一记在心。

洗手洗脸要干净，餐前便后要洗手。

小椅子上坐端正，午睡起床要安静。

饮食安全儿歌

《美食小歌谣》

吃东西前要洗手，生冷食物要少尝。

坚果果核要细嚼，吞咽不当会受伤。

甜食适量助健康，零食太多要控制。

公共场所安全儿歌

《安全游玩歌》

游乐场里玩得欢，注意安全是关键。

滑梯滑板要排队，不推不挤不乱跑。

陌生地方不乱走，大人陪伴最安全。

防火雷电安全儿歌

《雷雨天的安全》

雷鸣闪电要躲好，室内安全最可靠。

不碰电器不接水，远离窗户和阳台。

雷雨过后再外出，安全意识不可少。

保护五官安全儿歌

《眼睛耳朵小宝贝》

眼睛是心灵的窗，保护它要小心。

不揉眼睛不挖耳，清洁卫生要记牢。

看书写字要适当，保护视力最重要。

交通安全儿歌

《小车小船安全行》

红绿灯前停一停，绿灯行来红灯等。

不翻越栏不乱跑，乘车系好安全带。

交通标志要识别，安全出行靠大家。

班级老师们可以根据孩子们的年龄特点和认知水平，挑选合适的儿歌进行教学。例如，对于幼儿园小班的孩子，可以重点教授《幼儿园的一天》和

《吃东西前要洗手》；对于中大班的孩子，则可以加入《安全游玩歌》和《小车小船安全行》等内容，帮助他们在游戏中学习，提高自我保护能力。在音乐时间或者活动间隙，通过唱歌、表演等形式，让孩子们在愉悦的氛围中掌握安全知识，逐步形成良好的安全行为习惯。这样的教学方式不仅能加深孩子们的记忆，还能激发他们对安全知识的兴趣，为他们的健康成长奠定坚实的基础。

安全儿歌，结合了日常生活中的安全小贴士，通过简单易懂的歌词，帮助孩子们在欢快的旋律中学习安全知识，培养安全意识。家长和老师可以在日常活动中播放这些歌曲，让孩子们在潜移默化中增强自我保护能力。

2. 安全故事

幼儿园开展讲安全故事活动，不仅是对孩子进行安全教育的一种创新方式，也是构建全面安全素养体系的关键步骤。通过生动有趣的故事，孩子们能够在轻松愉快的氛围中学习到复杂的安全知识，从而建立起初步的风险意识和自我保护能力。开展讲安全故事活动不仅能够提高幼儿对安全问题的敏感度，帮助他们学会在遇到危险情况时做出正确的判断和反应，而且还能促进他们的语言表达、想象力和创造力的发展。此外，通过角色扮演、互动问答等互动环节，孩子们能够更加深入地理解故事内容，增强记忆，形成良好的习惯和行为模式。更重要的是，开展讲安全故事活动为家长提供了与孩子共同参与的机会，加强了家庭与学校之间的合作，共同为孩子的成长营造一个安全、健康、和谐的环境。综上所述，幼儿园开展安全故事活动具有深远的意义，它不仅关乎个体安全，还关乎整个社会的未来，为培养新一代具备高度安全意识和责任感的公民奠定了坚实的基础。

（1）幼儿园开展安全故事活动的步骤与方法

①故事选择与改编

选择适合年龄段的故事：根据幼儿的年龄、理解能力和兴趣选择故事。低龄儿童可以选择简单、温馨的故事，如《小兔乖乖》，而稍大一点的儿童则可以引入更复杂的情境和角色，如《森林里的小侦探》。

改编故事：在故事的基础上，增加安全元素，如在《小兔乖乖》中加入如何避免陌生人接近、如何辨别安全的食物等细节。

②准备阶段

制作故事材料：可以制作故事插图、角色道具，帮助幼儿更好地理解和参与故事。

准备安全教育工具：如安全教育手册、安全小贴士卡片，用于活动后的延伸学习。

③实施阶段

分角色扮演：鼓励幼儿参与角色扮演，如《小兔乖乖》中，可以分为小兔、妈妈、陌生人等角色，通过角色扮演加深记忆。

互动问答：在故事讲述过程中或结束后，通过提问的方式，让幼儿思考故事中的安全知识点，如"如果遇到陌生人怎么办？"

实际情景模拟：设置安全演练场景，如模拟火灾逃生、地震避险等，让幼儿亲身体验安全知识的应用。

④后续活动

家庭作业：让幼儿将所学安全知识带回家，与家长一起复习，或者通过绘画、手抄报等形式展示。

安全故事分享会：定期举办安全故事分享会，邀请家长、社区安全专家参与，分享更多安全知识和故事。

安全故事创作：鼓励幼儿自己创作安全主题的故事，通过创作过程加深对安全知识的理解和记忆。

⑤评估与反馈

观察幼儿反应：通过观察幼儿在活动中的表现，了解他们对安全知识的掌握程度。

收集反馈：通过问卷、访谈等方式，收集家长和幼儿对活动的反馈，以便调整和改进未来的安全教育活动。

⑥持续性与个性化

定期更新：随着幼儿的成长和新安全知识的普及，定期更新故事内容和活动形式。

个性化教学：根据每个班级或每个幼儿的特点，调整故事内容和活动形式，以达到最佳的教学效果。

通过上述步骤，幼儿园可以有效地将安全教育融入日常活动中，不仅能让幼儿在乐趣中学习安全知识，还能培养他们的安全意识和自我保护能力。

安全故事形式一

故事名称一：《小兔的勇敢之旅》

在一个宁静的小镇上，住着一只活泼可爱的小兔子，名叫巧巧。巧巧是个好奇宝宝，总是喜欢探索周围的环境，但她的妈妈常常提醒她，要小心路上的危险。有一天，巧巧决定独自踏上一场探险之旅，去寻找传说中隐藏在森林深处的彩虹池。

准备出发

清晨，阳光透过树叶洒在巧巧的毛发上，她穿上妈妈给她做的防水靴，背上妈妈亲手制作的野餐篮，里面装满了水、干粮和一个小手电筒。巧巧的妈妈反复叮嘱她，路上要小心，遇到陌生人要保持距离，不要随便吃陌生人的食物。巧巧答应了，她知道妈妈担心她的安全。

遇到挑战

巧巧穿过一片花丛，来到了一条小溪边。她小心翼翼地跨过石头，继续前进。突然，一只大熊出现在她的面前，大熊看起来很生气。巧巧记得妈妈教过她，遇到大熊要保持冷静，慢慢后退，不要直接逃跑或大声喊叫。巧巧慢慢地后退，终于安全地绕过了大熊。

勇敢面对未知

走了很久，巧巧终于来到了森林的深处。她看到了一条狭窄的小径，小径两旁长满了密密麻麻的灌木。巧巧鼓起勇气，一步一步地向前走去。突然，她听到了一阵奇怪的声音，像是某种动物的叫声。巧巧拿出手电筒，照亮前方，原来是一只受伤的小鸟。它翅膀受了伤，无法飞行。巧巧决定帮助小鸟，她轻轻地捧起小鸟，带回了家，给它包扎伤口，并喂它食物。几天后，小鸟恢复了健康，巧巧把它送回了森林。

找到彩虹池

经过一番努力，巧巧终于找到了传说中的彩虹池。池水清澈见底，周围环绕着五彩斑斓的花朵，空气中弥漫着淡淡的香气。巧巧坐在池边，欣赏着这一切，感到无比的满足和幸福。

回家的路

巧巧带着满满的回忆和收获，踏上了回家的路。虽然路上遇到了不少挑战，但她都勇敢地面对了。回到家，巧巧给妈妈讲述了自己的冒险故事，妈妈听了非常高兴，她告诉巧巧，真正的勇敢不仅仅是在面对危险时不害怕，还有在遇到困难时能够坚持下去，勇敢地解决问题。

安全提示：

1. 探索未知：在探索自然环境时，要跟随成人或熟悉路线的同伴，不要独自行动。

2. 野生动物：遇到野生动物时，保持冷静，慢慢后退，避免直接接触或大声喧哗。

3. 帮助他人：在遇到需要帮助的人或动物时，尽己所能提供帮助，但也要确保自己的安全。

4. 安全第一：无论何时何地，都要把安全放在第一位，遵守安全规则，不冒险行事。

通过这个故事，小朋友们不仅能学到勇敢面对困难的品质，还能了解到在探险过程中如何保障自己的安全，以及如何善良地对待身边的每一个生命。

安全故事形式二

安全故事：《安全小猫的冒险》

小猫在幼儿园里，特别喜欢和小动物们一起嬉戏，但他的名字却是"冒失大王"。他玩滑滑梯的时候，总是忘记抓牢扶手，自由自在地飞驰而下。

一次，小猫在滑滑梯时，因为没抓住扶手，不慎从滑梯上摔了下来，头上鼓起了一个大包。山羊老师赶紧拿来纱布，细心地帮他包扎，并语重心长地教导他："玩滑梯时要抓紧扶手，这样才安全。"

小猫再次来到操场上，这次他兴奋地在草地上奔跑，却没有留意前方的小狗。突然，"咚！"的一声，小猫和小狗撞了个满怀，头上又起了一个大包。小狗关切地告诉他："在操场上玩耍时，一定要注意周围的人，以免发生碰撞。"

小猫的身上缠满了纱布，无法和其他小朋友一起愉快地玩耍，他感到非常难受。唉，都是因为他的冒失啊！

安全提示：在幼儿园里，我们不能追逐打闹，要时刻注意安全，相互照顾，这样我们才能拥有一个快乐、安全的游戏环境。

安全故事：《勇敢小兔子的幼儿园旅程》

今天阳光明媚，小兔子早早醒来，充满期待："妈妈，我要去上幼儿园了！"妈妈也早早起来，脸上带着微笑："宝贝，记得跟老师说'老师好'，妈妈下午来接你哦！"

小兔子走进幼儿园，勇敢自信，来到小一班，礼貌地说："老师好！"然后转身对妈妈说："妈妈，再见！我会乖乖听话，你放心去吧！"

小兔子，好样的宝贝，离开妈妈，你也能够独立完成一天的幼儿园生活！

安全提示：关注幼儿初入园的心理安全。当孩子初次进入幼儿园，可能会感到焦虑或不安。家长在送孩子入园时，除了物质上的准备，更重要的是心理上的支持。与孩子一起讨论幼儿园的美好事物，让孩子对新环境产生期待和兴趣。同时，明确告知孩子何时可以见到父母，增强他们的安全感。通过这种方式，帮助孩子逐渐适应幼儿园的生活，建立起独立和自信。

安全故事：《《小猪噜噜的意外之选》》

小猪噜噜有个小毛病，特别爱捡东西。在街上走着走着，突然发现一个闪亮的东西。小猪噜噜瞪大了眼睛，飞快地跑过去，啊！原来是块彩色的玻璃碎片。

他捡起来，对着阳光一看，哇！五彩斑斓的光好漂亮！"哎呀！"玻璃碎片不小心割到了手，鲜血直流。"好痛！好痛！"小猪噜噜吓得哭了起来。

附近的商店老板听见哭声，连忙跑出来："哎呀，出血了，快进来让我帮你包扎伤口。""噜噜呀，你怎么什么都捡呀？这些尖锐的东西很容易伤到手哦！"老板帮噜噜猪的手指包扎得像棉花糖一样。

安全提示：小朋友在路上玩耍时，不要随意捡拾地上的物品，尤其是那些有尖锐边缘的、破损的、过期的药品瓶、废弃的电池等，它们都有可能导致伤害。正确的做法是告诉大人，由大人来处理这些物品。

（七）各类活动前安全预案到位，有力地保障了大大小小活动的有序成功开展。

1. 各类活动前安全预案的重要性与实施策略

在组织任何规模的活动之前，制定详尽的安全预案至关重要。这不仅体现了组织者对参与者人身安全的高度重视，也是确保活动顺利进行、达成预期目标的重要保障。安全预案的到位，有助于在面对突发事件时能够迅速、有效地做出反应，减少潜在风险，提升整体活动的安全系数。以下是各类活动前安全预案实施的一些关键策略与考虑因素：

（1）风险评估与预防

预先识别风险：活动组织者需对活动的各个环节进行深入分析，识别可能存在的安全隐患，包括但不限于场地设施、设备操作、人员流动、天气变化等因素。

制定应对策略：针对识别出的风险，制定具体的预防措施和应急预案。例如，对于大型户外活动，需考虑极端天气的影响，准备相应的避难计划和物资。

（2）安全培训与教育

全员培训：组织活动前，对所有参与者（包括工作人员、志愿者、参与者及其监护人）进行安全教育培训，确保每个人都了解基本的安全知识和应对措施。

特殊群体关注：对于儿童、老人等特殊群体，提供专门的安全指导和照顾，确保他们在活动中的安全。

（3）安全设备与设施

全面检查：活动前对所有使用的设备、设施进行全面检查，确保符合安全标准，无故障隐患。

应急设备准备：准备足够的急救箱、消防设备、通信工具等应急物资，确保关键时刻能够迅速响应。

（4）紧急疏散与救援计划

制定疏散路线：根据活动场地布局，事先规划并标识清晰的紧急疏散路线。

设立集结点：在场地内设置多个紧急集合点，便于在紧急情况下快速集合人员，进行后续的救援工作。

（5）通信与联络机制

建立联络网络：确保所有关键人员之间有有效的通信渠道，包括紧急联系人、医疗救护、警方等。

备用通信方案：考虑到可能出现的技术故障，准备备用通信设备和方案。

（6）监控与评估

现场监控：活动期间，通过视频监控、现场巡查等方式，实时监控活动区域的安全状况。

事后评估：活动结束后，对安全预案执行情况进行评估，总结经验教训，优化未来活动的安全管理措施。

通过以上策略的实施，各类活动前的安全预案不仅能够有效预防潜在的安全风险，还能够在意外发生时迅速启动应急响应，最大程度保障活动的顺利进行，确保每一位参与者的安全与福祉。

2. 活动案例

案例一："奔跑吧，夏天！"亲子定向赛活动安全预案

活动时间：6月1日上午7：30—9：00，下午17：30—19：00，6月2日上午7：30—9：00

活动地点：庆云县北海公园

参与班级：大班级部、中班级部、小班级部

交通工具：幼儿和家长自行前往

一、安全领导小组：

组长：陈霞

副组长：陈群群

组员：孙志伟周奔程春建

随行安全员：各班班主任

二、后勤医疗保障组：孙志伟、尹志浩

三、幼儿活动组织安排

1. 活动前一天，园内出定向赛方案和安全预案。

2.幼儿园园领导对活动方案和安全预案进行认真审核，并通过会议对教师提出进一步的要求。

3.活动前，教师要对幼儿进行安全教育、环保教育和交通安全教育。

四、应急事件处理程序

（一）事故发生后，现场人员应立即向安全领导小组报告，安全领导小组根据情况做出决定。

（二）一般性事故，安全小组可根据情况自行解决，由保健医生处理，并进行记录。重大事故，应根据事故情况尽快向公安、医疗、教育等部门上报，同时增派人员赴现场进行组织抢救，在组织应急抢救过程中，以保证幼儿安全为首位。

（三）写出书面报告，总结经验教训。

五、安全应急具体措施

（一）安全常规措施：

1.成立安全小组，责任到人。

2.所有工作人员手机必须处于开机状态，确保话费充裕。

4.活动前后都必须清点幼儿人数。

（二）幼儿突发疾病、意外伤害

1幼儿在活动中突发疾病、意外伤害，老师应立即联系安全小组成员和保健医，视情况由保健医处理或者就近送医院。

2024.5.23

云天幼儿园

案例二："春游踏青，走进济南动物园"

——云天幼儿园春游暨植树节活动安全预案

活动时间：2024年3月12日、3月13日

活动地点：济南市动物园

参与班级：大班级部

交通工具：12号大巴车两辆、13号大巴车三辆

一、安全领导小组

组长：陈霞

副组长：陈群群

组员：孙志伟周奔程春建

随行安全员：各班班主任

车况检查责任人：孙志伟、大巴司机

二、人员分工与安排

安全总负责人：陈霞

随行安全员：陈群群、孙志伟、周奔、大班班主任

园内当天安全负责人：程春健、尹志浩

三、活动前准备

安全教育：各班班主任需进行春游安全教育，强调遵守秩序、注意安全、保护环境等内容。

车况检查：孙志伟与大巴司机共同确保车辆安全状况，确保车辆在活动当天能够正常运行。

四、车辆安排及跟车人员

12 号车：

负责人：陈霞、孙志伟

组成：大四班 29 名学生 +4 名教师 + 大二班 16 名学生 +2 名教师

13 号车：

第 1 号车：负责人：孙志伟、解清洁

组成：大三班 34 名学生 +4 名教师 + 大一班 11 名学生 +2 名教师

第 2 号车：负责人：陈群群、孙康家

组成：大六班 32 名学生 +4 名教师 + 大五班 11 名学生 +2 名教师

第 3 号车：负责人：陈霞、周奔

组成：大五班 22 名学生 +2 名教师 + 大一班 22 名学生 +2 名教师

活动上车前：

车辆负责人需提醒所有人员系好安全带。

活动下车后：

负责人先下，班级留一位老师后下，班主任老师清点人数。

五、活动过程中的安全措施

班级管理：每班4位老师分别位于队伍的前、中、后，密切观察，确保幼儿安全。

动物观赏：每班安全员负责提醒孩子保持安全距离观看动物，防止靠近或触碰动物。

活动组织：严格遵循活动流程，禁止幼儿私自行动。

如厕安排：幼儿如厕时，班级老师需安排专人负责清点人数，并上报带队负责人。

六、返程准备

清点人数：确保所有幼儿安全返回。

附：路线图

济南动物园

七、特别提示

1. 早餐安排：活动当天需提前为指定班级准备早餐，并确保7:10前班级及园务会值班人员到位，接待入园幼儿。

2. 物品准备：办公室负责分发湿巾、卫生纸等，清点幼儿人数，确保责任到人。同时，准备小药箱，做好随行保健工作。

3. 服装与携带物品：要求幼儿穿园服、运动鞋，携带水壶，不携带零食。

活动前做好安全教育和出行计划，活动后进行相关教育延伸活动。

4.后勤支持：园内值班园长与带队孙志伟主任保持沟通，确定返回晚餐时间，并安排其他班级提前准备餐具、保温桶和热水。

5.景区信息：办公室提前了解景区热水区、厕所、休憩等重要位置，确保活动顺利进行。

6.宣传与报道：宣传人员负责拍摄照片、录制视频，并制作报道，及时推送至上级媒体。

此安全预案旨在确保云天幼儿园春游暨植树节活动的顺利进行，通过周密的组织与细致的安全措施，为幼儿提供一次既快乐又安全的春游体验。

2024.3.5

云天幼儿园

附：

车辆安排及跟车人员：

12 号（周二）：

1 号车：负责人：陈霞、孙志伟（53 人）

大四班：28 孩子 +4 位老师 + 大二班 16 孩子 +2 位老师

老师：苗宁宁　赵莹　崔亚男　张云丽　于冠南　赵静

2 号车：负责人：陈群群、周奔、孙康家（52 人）

大七班：27 孩子 +4 位老师 + 大二班 16 孩子 +2 位老师

老师：刘珊珊、胡灵芝、于美娜、谭雪军　孙伟　李凤仙

13 号（周三）：

1 号车：负责人：孙志伟、解清洁（53 人）

大三班：34 孩子 +4 位老师 + 大一班 11 孩子 +2 位老师

老师：李凤仙　刘倩倩　丁青梅　于冠南　刘珊珊　刘蓉蓉

2 号车：负责人：陈群群、孙康家（51 人）

大六班：32 孩子 +4 位老师 + 大五班 11 孩子 +2 位老师

老师：吕仲秋　乔雪　张娟　范英杰　于雪倩　苗宁宁

3 号车：负责人：陈霞、周奔（49 人）

大五班 22 孩子 +2 位老师 + 大一班 22 孩子 +2 位老师

老师：张云丽　孙雪雪　谭雪军　王晓晴

第二节　教育——四大培养目标与五大教育途径的整合

一、爱的专业研究，促使素质教育的全方位落实

幼儿园一切工作的出发点和落脚点就是幼儿的发展。因此幼儿的身心和谐发展是我们追求的终极目标。

（一）办园理念

核心办园理念"爱与专业筑梦未来"，蕴含着云天幼儿园对教育的深刻理解和追求。这里的"爱"，不仅是指对每一个孩子的无条件关怀和爱护，还体现在教师们用爱心去理解、接纳和引导孩子们的独特个性和发展需求。这份爱，是教育之基，是孩子们健康成长的情感支撑。

"专业"则是指教师们对教育事业的专业精神和深厚学识。它要求教师们不断学习和提升自我，掌握先进的教育理念和方法，能够根据孩子的不同发展阶段和学习特点，提供个性化、高质量的教育服务。专业精神还体现在教师们对教育伦理的坚守，以及对教育规律的尊重和遵循上。

"筑梦未来"意思是云天幼儿园致力于为孩子们搭建一个充满可能性的平台，鼓励他们探索、创造和实现梦想。通过提供丰富的教育资源、创设开放的学习环境、培养批判性思维和创新能力，幼儿园帮助孩子们建立起自信，激发他们的好奇心和求知欲，为他们未来的人生道路打下坚实的基础。

综上所述，"爱与专业筑梦未来"的核心办园理念，是云天幼儿园对教育使命的承诺，是对孩子成长的深情呵护，是对未来世界的美好期待。它引领着幼儿园在教育实践中不断创新，追求卓越，为孩子们的全面发展和社会的

可持续发展贡献力量。

（二）培养目标与教育途径

云天幼儿园以"张扬儿童个性、扩散儿童思维、规范儿童行为、完善儿童人格"为核心教育目标，通过"生活教育、养成教育、情境教育、互动教育、差异教育"五大教育途径，全面实施素质教育，确保孩子们在快乐、自由的环境中茁壮成长。教育理念"爱与专业筑梦未来"，既体现在对每个孩子独特性的尊重与鼓励，又展现了对教育事业的热爱与专业精神。我们相信，每个孩子都是独一无二的个体，拥有无限的潜能与可能性。因此，幼儿园致力于通过丰富多彩的活动与实践，激发孩子们的好奇心与创造力，培养他们独立思考、主动探索的能力。同时，我们注重孩子们行为习惯的养成以及情感、社会技能与道德价值观的培养，旨在塑造他们健全的人格与健康的人际交往能力。通过生活教育，孩子们在日常生活中学习与成长；养成教育帮助他们建立良好的行为准则与习惯；情景教育与互动教育则通过模拟与合作，激发孩子们的兴趣与潜能；差异教育则尊重每个孩子的独特性，提供个性化的学习路径。在这样的教育体系下，孩子们能够获得知识与技能的提升，能够在爱与专业的陪伴下，自信地探索世界，勇敢地追寻梦想。最终，我们的目标是为孩子们构建一个充满爱与支持的成长环境，让他们在快乐中学习，在实践中成长，为未来的人生之路奠定坚实的基础。

二、教育研究，促素质教育全方面落地

（一）四大培养目标，体验思维发展

幼儿园以"张扬儿童个性、扩散儿童思维、规范儿童行为、完善儿童人格"为教育目标，以"生活教育、养成教育、情境教育、互动教育、差异教育"五个途径为抓手，全面实施素质教育，让幼儿在快乐中成长。

1. 张扬儿童个性

就是让儿童成为儿童自己，就是给孩子这种天性的释然，让他们去发展自己。规范儿童行为方面有这样一个例子，曾经有一位诺贝尔奖获得者说，问他在哪所学校，学到了你认为一生中最重要的东西。他说在幼儿园。学到

什么呢？就是东西从哪里拿的放到哪里去，就是幼儿的一些规范的行为，就是好习惯陪伴孩子一生。完善儿童人格，也是我们一直特别重视的。幸福的童年治愈一生，不幸的童年却要用一生去治愈，这也是我们为什么一直坚持爱的教育的原因。滋养树根，孩子才有可能有一生成长的源动力，才有可能成长为参天大树。

2. 扩散儿童思维

我们现在这个时代是一个信息之战、人才之战、观念之战的时代，对吗？如果光靠兴趣和知识的话，是适应不了社会发展的。只是靠孩子的兴趣和知识的累积是不能适应这个变化快速的世界的。那么什么能够适应呢？最重要的就是触类旁通，变通偏理，判断推理，探究发现，分析比较、知识整合运用，才能适应这个瞬息万变的社会所应该具备的良好的品质。而这一切是与一个人的思维习惯、思维能力以及思维发展性紧密相关的，只有具备了思维的灵活性、逻辑性、扩散性和能力性等这些优良思维特征，建立起创造性思维能力，创新意识和创造力的人，才是未来社会最需要的人。

正如爱因斯坦说：发展独立思考和独立判断应当始终放在首位，而不应当把获得专业知识放在首位。创造已贯穿于生活的方方面面。美国最新的研究指出相比智商，想象更能准确地预知宝宝未来的学业是否成功。因此培养宝宝的创造力是爸爸妈妈能为他做的最好的事。培养宝宝的创造力是爸爸妈妈能为他做的最好的事。

3. 创造力带来的乐趣

鸡蛋和床有关系吗？有人做出了鸡蛋形状有顶的床。橙子和自行车有关系吗？有人设计了橙子样的车轮。钟表和炸弹有关系吗？定时炸弹就融合了两个特质的应用。拉链和香蕉有关系吗？如果给香蕉样的包安上拉链，可以让物品更好的存放。苹果和书签有关系吗？苹果书签也是非常好的应用。钓鱼竿和照相机有关系吗？现在大家利用这两样的结合制作出了自拍杆，给生活带来巨大便利。

世界万物之间存在相互关系吗？关系来源于什么？我想就来源于：创新、创意、创造！我们培养孩子就是要培养他们敢于向"答案"挑战；敢于打破思维定式；敢于冲破禁锢，寻求一切可能！

有一个比较经典的图形中找与众不同的题。下面有五个图形，请你挑出一个与众不同的。这个题很好地为我们呈现了观点不同，答案不同。

下面有五个图形，挑出一个与众不同的

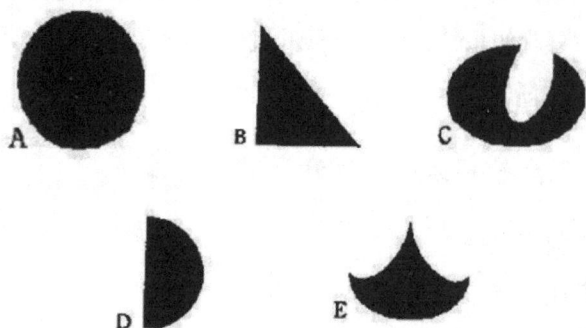

选择 B？ 答对了！因为图形 B 是唯一全部由直线构成的图形；

选择 C？ 答对了！因为图形 C 是唯一不对称的；

选择 A？ 答对了！因为图形 A 每一点都是连续的；

选择 D？ 答对了！因为图形 D 是唯一由直线和圆弧组成的；

选择 E？ 答对了！因为图形 E 是唯一的非几何图形．

其实，每一个都是与众不同的，观点不同，答案不同，我们要做的，就是在日常的教学当中，鼓励支持追随孩子的想法，让他去驰骋，敢于向"答案"挑战。

我在给孩子、家长、老师上示范课《奇妙的蛋》时，就思维的扩散有非常深的感触。在绘本《奇妙的蛋》中，不是去给孩子讲故事，而是通过问题，层层深入，引导孩子通过自己的观察，一步一步开启故事的内容，感受奇妙的蛋中的奇思妙想。哪个鸡能生下最奇妙的蛋呢，当我们大人还在循规蹈矩，蛋得是椭圆的，蛋得长得和他妈妈一样的时候。孩子们的想象画已经开启了我们未来的思维。

小朋友画，有三角形的彩蛋，有长着翅膀的蛋，有像伞一样的蛋，还有像奇妙的宝石一样闪闪发光的蛋，有像星星一样的蛋，还有这个长着两个头的蛋以及驾着风火轮的彩虹蛋，都非常有想象力。看到这里，家长和老师是不是要反思：在孩子们画画时，不明事理地说上一句"画的什么呀？我都看不懂"，这样的一句话也许会失去一个未来的画家；孩子们搭积木时，我们总上前"不对，不对，你搭得不对，看妈妈／爸爸的"，这样的一个动作，也许会失去一个未来的建筑家或者设计师……我希望，更多的时候，作为家长的我们，需要的是给孩子空间和时间，给予他们最好的鼓励，让孩子们根据自己的想法去做喜欢的事情；作为家长的我们，蹲下身来，听听孩子表达与解读，那才是孩子们的心声。

（二）五大教育途径，促素质教育落地

1. 五大教育途径

落实素质教育主要是通过五大教育途径——生活教育、互动教育、养成教育、差异教育和情境教育来实现我们的教育目标。

情境教育就是把大社会浓缩在幼儿园，它的价值就在于真实的体验和开放。比如说我们的母亲节，尝试做孕妈妈、感恩节的情景剧表演，换物节，带孩子参加真实的换物，就是把真实的情景给孩子。

差异教育重点是理解和尊重，而且让尊重变成我们的行为，包括我们东、西方文化的差异，我们也要让孩子了解，而是关注孩子成长的个体差异。

互动教育重点是交互和多元，使我们的教育走向开放，比如说爸爸、妈妈一起参与到幼儿园开放性的活动，和孩子一起表演，家长进课堂、师幼的互动、幼幼的互动以及和社区的互动，这些都是我们可以带孩子一起进行的。

生活教育重点是真实和随机，让我们的教育契机不再错过。利用平常的一点一滴来教给小朋友，七步洗手法的坚持运用。

养成教育重点是重复和坚持，只有在流程中得以实现。给孩子从小培养良好的习惯，优秀也是一种习惯，让孩子的优秀成为这种成功的必然。这五种教育途径要相互交融，相互作用，促使素质教育的深入落实。

第三节　保育——均衡课程促幼儿健康发展

促进幼儿健康成长是首要任务，把幼儿合理膳食、疾病防控、适度运动、习惯培养、心理健康、健康教育作为管理的主要内容和出发点，推动保育研究的工作。

一、科学合理的一日生活作息制度——幼儿身心和谐发展的基石

在幼儿成长的关键时期，构建一个科学合理的一日生活作息制度，无疑是为其身心和谐发展铺设了一条坚实的道路。这一制度旨在通过精心设计的日常活动安排，促进幼儿身体、情感、认知及社会性等各方面的全面发展，不仅仅是对时间的简单划分，更是对幼儿身心成长规律深刻理解的体现。

（一）遵循幼儿年龄特点

1. 阶段性考量

幼儿在不同年龄阶段，其生理发育、心理需求及学习能力均有所差异。因此，在制定一日生活作息制度时，需充分考虑各年龄段幼儿的独特性。比如，小班幼儿处于身心快速发展初期，需安排更多的游戏时间，以促进其动作协调性和社交技能的发展；而大班幼儿则逐渐显露出对知识的渴望，可适当增加学习活动的时间，培养其学习兴趣和思考能力。

2. 个体差异尊重

除了年龄阶段外，每个幼儿都有其独特的性格、兴趣和能力发展水平。一日生活作息制度应具有一定的灵活性，以适应不同幼儿的需求。通过观察和评估，教师可以为个别幼儿调整活动安排，确保每位幼儿都能在适合自己的节奏下成长。

（二）顺应季节变化

1. 作息调整

随着季节的更替，日照时间、气温等自然环境因素也会发生变化。为了保障幼儿的健康与安全，一日生活作息制度需相应地进行调整。例如，夏季可适当提前起床和户外活动时间，以充分利用清晨和傍晚较为凉爽的时段；冬季则可适当推迟起床时间，并增加室内活动比例，避免严寒天气给幼儿带来的不利影响。

2. 健康关注

季节变化还可能导致幼儿身体免疫力的波动，容易引发感冒、过敏等健康问题。因此，在制定作息制度时，需特别关注幼儿的健康状况，合理安排饮食、睡眠和锻炼等生活习惯，以增强其抵抗力。

（三）综合平衡与全面发展

1. 作息安排的均衡性

一日生活作息制度应确保幼儿在一天内能够经历多种类型的活动，包括游戏、学习、休息、运动等，以实现身心各方面的均衡发展。同时，各类活动之间应保持适当的转换与过渡，以避免幼儿过度疲劳或兴趣缺失。

2. 家园共育

科学合理的一日生活作息制度还需要家长的积极配合与支持。幼儿园应定期与家长沟通，共同讨论幼儿的生活习惯培养问题，确保幼儿在家园之间能够保持一致的作息规律，促进其身心的持续健康发展。

总之，构建科学合理的一日生活作息制度是一项系统工程，需要幼儿园、教师和家长的共同努力与协作。通过这一制度的实施，我们可以为幼儿创造一个健康、和谐、快乐的成长环境，助力其身心和谐发展的每一步。

二、合理膳食与疾病防控

（一）营养均衡是幼儿身体健康的基础

营养均衡是幼儿身体健康不可或缺的基石，它对于幼儿的成长发育具有深远而广泛的影响。在幼儿期，身体正处于迅速增长的阶段，各个器官系统都在逐步完善，因此，确保摄入全面、均衡的营养物质，对于满足幼儿身体发育所需、维持正常生理功能、增强免疫力以及促进智力发展都至关重要。

1. 均衡膳食的重要性

（1）支持生长发育

蛋白质、碳水化合物、脂肪、维生素、矿物质等是构成幼儿身体组织、提供能量、促进新陈代谢的基本物质。均衡的膳食能够确保这些营养素按比例摄入，从而支持幼儿骨骼、肌肉、内脏器官等各方面的健康生长。

（2）提高免疫力

营养不良会削弱幼儿的免疫系统，使其更容易受到疾病的侵袭。而营养均衡的膳食则有助于增强幼儿的免疫力，提高身体抵抗疾病的能力，减少生病的次数和严重程度。

（3）促进智力发展

大脑的发育和功能维持同样离不开营养的支持。均衡摄入 DHA、ARA、胆碱等益智营养素以及维生素 B 群、锌等有助于神经传导和能量代谢的物质，可以促进幼儿大脑细胞的增殖、分化和突触形成，进而提升智力水平和学习能力。

（4）培养良好饮食习惯

在幼儿期形成营养均衡的饮食习惯，不仅有助于当前的身体健康，还会对未来的生活方式产生积极的影响。良好的饮食习惯能够降低成年后患慢性病的风险，提高生活质量。

2. 实现营养均衡的策略

（1）多样化食物选择

确保幼儿膳食中包含多种类型的食物，如谷物、蔬菜、水果、肉类、蛋类、奶类及豆制品等，以实现营养素的全面覆盖。

（2）合理搭配食物

在食物选择上，要注意荤素搭配、粗细搭配、色彩搭配等，以提高食物的营养价值和食欲吸引力。

（3）定时定量进餐

建立规律的进餐时间和定量进食的习惯，避免暴饮暴食或偏食挑食等不良行为。

（4）鼓励自主进食

在适当的年龄阶段，鼓励幼儿自己动手进食，以培养其独立性和对食物的兴趣。

（5）家庭共同参与

家长应成为孩子健康饮食的榜样，与孩子一起准备和享用餐点，共同营造温馨、健康的饮食氛围。

综上所述，营养均衡是幼儿身体健康的基础，需要家长、幼儿园以及社会各界的共同努力来保障。通过科学合理的膳食安排和健康教育，我们可以为幼儿的健康成长奠定坚实的基础。根据《中国居民膳食营养素参考摄入量》标准：针对 2.5 至 6 岁儿童，编写了《幼儿四季营养食谱》。分春夏、秋冬两册，自然食物、易于幼儿消化、食物多样、营养平衡、比例适宜。蛋白质占总热量的 12-15%、脂肪占总热量的 25-30%、碳水化合物占总热量的 50-60%、钙元素占标准供给量的 84%。满足幼儿各种营养素需求，以提供各种生理机能和进行活动所需的能量。几年来的效果很好。

春季食谱的制定与营养分析

一、春季幼儿生理及营养的特点

春季有六个节气，即立春、雨水、惊蛰、春分、清明、谷雨。春季在四季中，是寒气开始消退，气候渐变暖，万物萌发复苏，阳气生发，生机勃勃的季节，是一年中乍暖还寒，昼夜温差大的季节。

1. 春季是幼儿生长发育速度最快的季节，天气变暖幼儿户外活动时间增多，为满足机体生长发育所需膳食中的营养素应补充优质的蛋白质。如肉、蛋等副食的摄入，注重食用含维生素 D 和含钙丰富的食物。如牛奶、豆制品、芝麻等食物。

2. 春季是传染病高发季节，增加幼儿的抗病能力膳食营养供给矿物质和维生素的食物。如青菜、青椒、番茄、胡萝卜、杂粮等食物。

3. 春季幼儿易出现精神不振，睡眠不足的现象，除了加强幼儿的户外活动，同时需要保证碳水化合物的供给，保证神经系统的需要的唯一能量的供给，主食以面粉、大米、杂粮为主。

4. 同时要注意限制过多超量的甜食，牛、羊肉属温热少用。

5. 少吃油炸食物，防止维生素丢失，米不要淘洗次数过多。

二、制定食谱的原则

春节要讲究养肝护脾，宜食甘性，少酸性食物。

（1）执行膳食计划所拟定的食品种类和数量。

（2）遵循高热量、高蛋白的原则，特别是优质蛋白。

（3）摄入含有丰富维生素 C 的食物，多食用养肝类食物，如鸡肝、鸡血，舒肝养血。

（4）适合儿童的消化的能力。

（5）品种多样化，促进食欲。

（6）注意观察儿童接受食物的情况，必要时进行及时调整。

（7）每周更换食谱。

三、膳食计划

1.选择食物的种类

包括四大类：

（1）含优质蛋白质的食物，如牛奶、鸡蛋、瘦肉、鱼、禽肉、豆制品。

（2）富含维生素、无机盐和膳食纤维的食物，如蔬菜、水果。

（3）供热能食物：粮食、薯类、白糖、油。

（4）调味品：盐、酱油、醋等。

以上食物在选购时应以《中国居民膳食指南》为指导，即"食物多样，谷类为主"。

四、春季推荐进补食品

春季养阳，重在养肝。春季肝旺之季，要省酸增甘。多食用性味甘平，富蛋白质、糖类、维生素、矿物质的食品，如瘦肉、禽蛋、牛奶、鱼虾、牛肉、鸡肉、豆类、芝麻、花生、鸡肝、血类、虾皮、新鲜蔬果蔬菜等。

（二）幼儿动态健康管理体系

幼儿动态健康管理体系是幼儿个体发育的指南。体重、身高是代表幼儿生长发育营养状况的两个指标，横向监测在园儿童群体发育状况，每3个月测量一次体重，半年测量一次身高，每年进行一次全面的综合性查体，包括视力、常规血化验、乙肝五项等，并进行综合评价，实现幼儿教职工和幼儿查体率100%。

幼儿动态健康管理体系是确保幼儿健康成长与全面发展的重要基石，它不仅关注幼儿日常的生理状态，还致力于通过系统化的监测与干预，为每一位幼儿的个体发育提供科学、精准的指导。这一体系以预防性、全面性和动态性为原则，构建起一套涵盖数据采集、分析评估、健康干预及效果追踪的闭环管理流程。

1. 数据采集的精细化

数据采集的精细化是幼儿动态健康管理体系中的核心环节，它直接关系到后续评估分析的准确性和健康干预的有效性。为了实现数据采集的精细化，本体系采取了多项措施来确保数据的全面、准确与及时。

首先，在数据采集工具的选择上，本体系倾向于采用先进的智能化设备，如高精度电子秤、自动身高测量仪等，这些设备能够自动记录并传输数据，减少了人为误差，提高了数据采集的精确度。同时，这些设备还具备数据储存和分析功能，能够自动生成生长曲线图、统计报表等，为后续的评估工作提供便利。

其次，在数据采集的流程上，本体系制定了严格的操作规范和标准。例如，对于体重的测量，要求幼儿在测量前保持空腹或至少两小时未进食，穿着轻便衣物，以确保测量结果的准确性。对于身高的测量，则要求幼儿站立姿势正确，双脚并拢，背部挺直，头部自然下垂，以减少因姿势不当导致的误差。此外，本体系还规定了数据采集的时间点和频率，如每3个月测量一次体重，半年测量一次身高，以确保数据的连续性和可比性。

再者，本体系注重数据的全面性和多维度采集。除了基本的体重、身高数据外，还关注幼儿的其他生长发育指标，如头围、胸围、腹围以及反映幼儿营养状况、免疫功能、心理健康等方面的数据。这些数据的采集有助于构建更为全面的幼儿生长发育数据库，为后续的评估分析提供更为丰富的信息来源。

最后，本体系还建立了完善的数据质量控制机制。通过定期的数据审核、比对和校验，及时发现并纠正数据中的错误和异常值，确保数据的真实性和可靠性。同时，本体系还鼓励家长和教职工参与数据采集过程，通过家校合作的方式，共同关注幼儿的健康成长，提高数据采集的参与度和准确性。

综上所述，数据采集的精细化是幼儿动态健康管理体系中的重要组成部分。通过采用先进的智能化设备、制定严格的操作规范、注重数据的全面性和多维度采集以及建立完善的数据质量控制机制等措施，确保数据采集的准确、全面和及时，为后续的健康评估和健康干预提供有力支持。

2. 监测评估的全面性

幼儿园监测评估的全面性，是确保幼儿教育质量、促进幼儿全面发展不可或缺的一环。这一全面性不仅体现在评估内容的广度上，还涵盖了评估方法的多样性、评估周期的合理性以及评估结果的应用与反馈等多个方面。

首先，在评估内容的全面性上，幼儿园监测评估应涵盖幼儿身心发展的各个方面。这包括但不限于幼儿的认知能力、情感态度、社会交往能力、身体素质、艺术表现等多个领域。通过全面的评估，可以更加准确地了解幼儿在不同方面的发展状况，为制定个性化的教育方案提供有力依据。同时，评估内容还应关注幼儿的学习习惯、生活习惯、安全意识等综合素质，以全面反映幼儿的成长状况。

其次，评估方法的多样性也是全面性的重要体现。幼儿园应采用多种评估方式，包括观察记录、作品分析、访谈交流、量表测试等，以获取更加全面、客观的信息。观察记录可以捕捉幼儿在自然状态下的真实表现；作品分析可以了解幼儿在艺术创作、语言表达等方面的能力；访谈交流则可以深入了解幼儿的内心世界和家庭背景；量表测试则可以提供量化的评估数据，便于进行横向和纵向的比较分析。通过多种评估方法的结合使用，可以更加全面、准确地评估幼儿的发展状况。

再者，评估周期的合理性也是全面性的重要保障。幼儿园应根据幼儿的发展特点和教育目标，制定合理的评估周期。一方面，评估周期不宜过长，以免错过幼儿发展的关键期；另一方面，评估周期也不宜过短，以免给幼儿和教师带来过大的压力。合理的评估周期可以确保评估的连续性和时效性，为及时调整教育方案提供有力支持。

最后，评估结果的应用与反馈也是全面性的重要体现。幼儿园应将评估结果作为制定教育计划、调整教育方案、改进教学方法的重要依据。同时，还应将评估结果及时反馈给家长和幼儿，让家长了解幼儿在园的表现和进步，增强家园共育的合力。通过评估结果的应用与反馈，可以形成良性的教育循环，促进幼儿全面、健康地发展。

综上所述，幼儿园监测评估的全面性是一个综合性的概念，它涵盖了评估内容的广度、评估方法的多样性、评估周期的合理性以及评估结果的应用与反馈等多个方面。只有实现这些方面的有机结合，才能确保幼儿园监测评估的全面性，为幼儿的全面发展提供有力保障。

3. 健康干预的个性化

　　幼儿园健康干预的个性化，是针对每位幼儿独特的身体状况、健康需求及发展特点，量身定制的一系列健康促进和疾病预防措施。这种个性化的健康干预不仅体现了对幼儿个体差异的尊重，也是提高健康教育有效性和针对性的关键。

　　首先，在识别幼儿个体差异方面，幼儿园需通过全面的健康评估，包括生长发育监测、营养状况分析、心理健康筛查等，来准确掌握每位幼儿的健康状况。这一过程需要教师、保健医生及家长的密切合作，共同收集和分析幼儿的行为表现、体检数据、生活习惯等多方面的信息。基于这些信息，幼儿园可以建立起每位幼儿的个性化健康档案，为后续的健康干预提供基础数据支持。

　　接下来，在制定个性化健康干预方案时，幼儿园需充分考虑幼儿的年龄、性别、体质、疾病史等因素，结合专业的健康教育知识和实践经验，为每位幼儿量身定制适合的健康干预措施。例如，对于营养不良的幼儿，可以制定个性化的膳食调整方案，增加富含蛋白质、维生素和矿物质的食物摄入；对于肥胖的幼儿，则可以通过制定科学的运动计划和饮食指导，帮助其控制体重增长；对于存在心理健康问题的幼儿，则需提供心理咨询和辅导服务，帮助其建立积极的自我认知和情感管理能力。

　　在实施个性化健康干预的过程中，幼儿园需注重方法的多样性和灵活性。根据幼儿的兴趣爱好和认知特点，采用游戏化教学、情景模拟、故事讲述等多种方式，将健康知识寓教于乐，提高幼儿的参与度和学习效果。同时，还需关注干预过程的连续性和动态性，定期评估干预效果，及时调整干预方案，以确保干预的针对性和有效性。

　　最后，在个性化健康干预的反馈与调整方面，幼儿园需建立完善的反馈机制，及时收集家长和幼儿的反馈意见，了解干预措施的实施效果和存在的问题。基于这些反馈意见，幼儿园可以对干预方案进行进一步的优化和调整，以更好地满足幼儿的健康需求和发展特点。同时，还需注重与其他相关机构和专家的交流与合作，共同探索更加科学、有效的健康干预方法和技术手段。

　　综上所述，幼儿园健康干预的个性化是一个复杂而细致的过程，需要充分考虑幼儿的个体差异和需求特点，制定科学合理的干预方案，并注重方法的多样性和灵活性以及反馈与调整的及时性。只有这样，才能真正实现健康干预的个性化目标，为幼儿的健康成长保驾护航。

4. 效果追踪的持续性

在幼儿动态健康管理体系中，效果追踪的持续性是确保健康干预措施有效实施并不断优化调整的关键环节。这一过程的持续性不仅体现在时间的连续性上，还涵盖了数据收集、分析、反馈及策略调整的全方位循环。

首先，时间上的持续性要求幼儿园建立长期跟踪机制，对幼儿的健康状况进行定期监测和评估。这不仅仅局限于入园时的初始评估，而是贯穿于幼儿在园期间的每一个阶段，包括学期初、学期中、学期末以及特殊时期（如传染病高发期、季节交替时）的特别关注。通过持续性的监测，可以及时发现幼儿健康状况的变化趋势，为后续的干预措施提供实时数据支持。

其次，数据收集与分析的持续性是效果追踪的核心。幼儿园应建立完善的健康数据管理系统，对幼儿的体检结果、生长发育指标、营养摄入情况、疾病发生与康复记录等多方面的数据进行全面收集。同时，运用专业的数据分析工具和方法，对这些数据进行深入挖掘和分析，以揭示幼儿健康问题的内在规律和潜在风险。这种持续性的数据分析不仅有助于评估当前干预措施的效果，还能为未来的健康管理工作提供科学依据。

再者，反馈机制的持续性是确保干预措施及时调整的关键。幼儿园应建立畅通的反馈渠道，鼓励家长、教师和保健医生等各方积极参与健康管理的反馈过程。通过定期的家长会、健康讲座、个别访谈等形式，收集家长和教师对幼儿健康状况及干预措施效果的意见和建议。同时，建立内部反馈机制，确保保健医生能够及时向教师反馈幼儿的健康问题和干预建议，教师也能将幼儿在园期间的健康表现及时反馈给保健医生。这种双向反馈机制有助于形成健康管理的闭环，确保干预措施能够及时调整和优化。

最后，策略调整的持续性是健康管理体系不断完善的动力。基于持续性的效果追踪和反馈机制，幼儿园应定期对健康干预策略进行评估和调整。根据幼儿健康状况的变化趋势和干预措施的实施效果，及时调整膳食计划、运动方案、心理干预等具体措施。同时，针对新出现的健康问题和挑战，积极探索新的干预方法和技术手段，以不断提升健康管理的科学性和有效性。这种持续性的策略调整有助于形成健康管理的动态平衡，确保幼儿能够在最佳的健康状态下成长和发展。

幼儿动态健康管理体系中效果追踪的持续性是一个全方位、多层次的过程。它要求幼儿园在时间、数据收集与分析、反馈机制以及策略调整等方面都保持高度的连续性和动态性。只有这样，才能确保健康干预措施的有效实施和不断优化调整，为幼儿的健康成长提供坚实的保障。

综上所述，幼儿动态健康管理体系是一个集数据采集、评估分析、干预实施与效果追踪于一体的综合系统，它致力于为每一位幼儿打造一个健康、安全、快乐的成长环境，促进其身心全面和谐发展。

（三）传染病预防

传染病预防措施是确保幼儿身体健康成长不可或缺的坚实防线，它们如同为孩子们撑起的一把保护伞，有效抵御外界病原体的侵袭。及时且全面的传染病预防措施，是这道防线稳固与高效的关键所在，为幼儿的身心健康筑起了一道坚不可摧的屏障。

首先，对幼儿实施严格的晨检制度，是预防传染病的第一道关卡。每天清晨，专业的保健人员会对每位入园幼儿进行细致的身体检查，包括观察精神状态、测量体温、检查口腔、手部等，旨在及时发现并隔离疑似病例，防止传染病在园内扩散。这一举措如同为幼儿园的大门安装了一扇智能识别系统，有效拦截了潜在的健康威胁。

其次，全日观察制度则是对晨检的延续和深化。保教人员在幼儿一日活动的各个环节中，都会密切关注他们的身体状况和情绪变化，一旦发现异常情况，立即上报并采取相应措施。这种全天候、无死角的观察机制，确保了传染病预防工作的全面性和及时性，为幼儿的身体健康提供了持续的保障。

同时，保持班级环境的通风良好，是减少病毒传播的重要手段。幼儿园会定期开窗通风，确保空气流通，降低病毒在密闭空间内的浓度，从而减少幼儿感染的风险。此外，幼儿园还会定期对教室、寝室、活动区等场所进行严格的消毒处理，使用专业的消毒设备和消毒剂，彻底杀灭病毒和细菌，为孩子们创造一个干净、卫生的学习和生活环境。

除此之外，进行传染病预防的培训和宣传也是至关重要的一环。幼儿园会定期组织教职工参加传染病预防知识的培训，提高他们的专业水平和应对能力；同时，也会通过家长会、宣传栏、微信公众号等多种渠道向家长普及传染病预防知识，增强家长的防护意识和能力。这种家园共育的模式，使得传染病预防工作深入人心，形成良好的社会氛围。

综上所述，及时且全面的传染病预防措施是幼儿身体健康的坚实保证。通过实施晨检、全日观察、保持通风、严格消毒、开展培训和宣传等一系列有效措施，幼儿园能够有效地降低传染病的发生率和传播风险，为幼儿的健康成长保驾护航。

三、适度运动与习惯培养

在幼儿园保育工作中，开展适度运动与习惯培养是提升幼儿体质、促进其全面发展的重要途径。适量的体育活动对幼儿的身体健康和心理发展至关重要。通过组织多样化的体育活动，如户外游戏、体育课等，不仅可以锻炼幼儿的体能，还能培养他们的团队协作能力和竞争意识。同时，培养良好的生活习惯，如按时作息、整理物品、独立完成任务等，有助于提高幼儿的生活自理能力和责任意识。

（一）开展适度运动

1. 设计趣味运动活动

结合幼儿的年龄特点和兴趣爱好，设计一系列富有趣味性和挑战性的运动游戏，如捉迷藏、跳绳、球类游戏等。这些活动不仅能激发幼儿的运动兴趣，还能在游戏中锻炼他们的身体协调性和灵活性。它不仅关乎幼儿身心的健康发展，也是培养幼儿团队合作、竞争意识及社交技能的有效途径。

（1）设计原则

①年龄适宜性

确保运动活动的难度、复杂度及运动量适合各年龄段幼儿的身心发展特点。对于小班幼儿，应注重动作的简单性、重复性以及游戏情节的趣味性；对于中班和大班幼儿，则可以逐步增加挑战性，如设置简单的比赛规则，激发他们的探索欲和成就感。

②寓教于乐

将教育目标融入运动游戏中，让幼儿在玩耍中学习新知识、新技能。例如，通过"小兔子找食物"的游戏，引导幼儿学习跳跃动作的同时，还能了解自然界的生态系统。

③多样化与灵活性

设计多样化的运动活动，包括但不限于球类运动、体操、舞蹈、障碍赛等，以满足不同幼儿的兴趣和需求。同时，保持活动的灵活性，根据幼儿的参与情况和天气变化适时调整活动内容。

（2）具体实施

①主题式运动游戏

围绕特定主题设计运动游戏，如"小小运动员日""动物世界探险"等。通过角色扮演、情景模拟等方式，增强游戏的吸引力和代入感。例如，在"小小运动员日"中，可以组织幼儿进行短跑、跳远、投掷等项目的模拟比赛，激发他们的运动热情。

②互动式体育器械

利用颜色鲜艳、形状各异的体育器械，如彩色大球、平衡木、攀爬架等，设计互动式运动游戏。鼓励幼儿自由组合、创造玩法，培养他们的想象力和创造力。同时，通过集体协作完成特定任务，增进幼儿之间的友谊和团队合作精神。

③亲子运动时光

定期举办亲子运动活动，邀请家长参与。设计一些需要家长与幼儿共同完成的运动游戏，如"袋鼠跳""三人四足"等。这些活动不仅能增进亲子关系，还能让家长更加了解幼儿在园内的生活和学习情况。

④安全教育融入

在运动活动设计中融入安全教育元素，如通过模拟紧急情况下的疏散演练、讲解运动中的自我保护技巧等。让幼儿在享受运动乐趣的同时，增强安全意识和自我保护能力。

⑤观察与反馈

在运动活动过程中，教师需密切观察幼儿的表现和反应，及时给予鼓励和指导。活动结束后，组织幼儿进行分享交流，了解他们的感受和收获。同时，根据幼儿的表现和反馈，不断调整和优化运动活动的设计和实施方案。

综上所述，设计趣味运动活动需要充分考虑幼儿的年龄特点、兴趣爱好和发展需求，以寓教于乐、多样化和灵活性为原则，通过主题式运动游戏、互动式体育器械、亲子运动时光等多种形式，促进幼儿身心健康发展和社会性技能的提升。

2. 制定合理的运动计划

根据幼儿的年龄、身体状况和天气情况，制定合理的每日或每周运动计划。确保运动量适中，既能达到锻炼身体的目的，又不会给幼儿带来过大的负担。

（1）了解幼儿的身体特点与发展需求

在制定运动计划之前，首先要对幼儿的身体发育特点、健康状况及兴趣偏好进行全面了解。这包括考虑不同年龄段幼儿的体力水平、耐力、柔韧性、协调性等基本运动能力以及他们对各类运动项目的偏好程度。通过这样的分析，可以确保运动计划既符合幼儿当前的身体条件，又能激发他们的运动兴趣。

（2）设定明确的目标

运动计划应设定清晰、具体且可量化的目标。这些目标可以包括提高幼儿的身体素质（如增强心肺功能、提升肌肉力量）、培养良好的运动习惯、增进团队合作意识等。目标的设定应具有挑战性，同时也要确保幼儿在努力后能够实现，以增强他们的自信心和成就感。

（3）科学规划运动内容与强度

①多样性

运动计划应包含多种类型的运动项目，如有氧运动（跑步、跳舞）、力量训练（爬绳、推轮胎）、柔韧性训练（瑜伽、拉伸）等，以满足幼儿全面发展的需求。

②循序渐进

根据幼儿的年龄和身体状况，逐步增加运动强度和难度。开始时可以选择一些简单、易行的运动，随着幼儿体能和技能的提升，再逐步引入更复杂的运动内容和更高强度的训练。

③适宜性

确保运动计划中的各项活动都是适合幼儿年龄段的，避免过于剧烈或超出幼儿身体承受范围的运动。

（4）合理安排运动时间与频率

①每日活动量

根据《学龄前儿童（3-6岁）运动指南》等权威资料，为幼儿设定每日适当的运动量。这通常包括户外活动时间、自由游戏时间以及结构化运动课程等。

②定时定量

为幼儿制定固定的运动时间和频率，如每天上下午各有一次户外活动时间，每周进行两到三次的结构化运动课程。这样的安排有助于幼儿养成良好的运动习惯。

（5）注重安全与健康保障

①运动环境安全

确保运动场地宽敞、平坦、无障碍物，同时配备必要的安全防护设施（如软垫、护具等）。

②健康监测

在运动前对幼儿进行简单的健康检查，如询问是否感到不适、测量体温等。运动过程中密切关注幼儿的身体状况，及时发现并处理异常情况。

③充分准备与放松

在运动前进行适当的热身活动，以降低受伤风险；运动后安排放松活动，帮助幼儿缓解肌肉紧张，促进身体恢复。

（6）持续评估与调整

定期对运动计划进行评估，了解幼儿的参与度、进步情况以及运动中的问题和困难。根据评估结果及时调整运动计划的内容、强度和时间安排，确保运动计划始终符合幼儿的实际需求和身体状况。同时，也要关注家长的反馈和建议，以不断优化和完善运动计划。

3. 创造安全的运动环境

为幼儿提供宽敞、整洁、安全的运动场地，确保运动器械和玩具的安全性。同时，加强教师的安全意识和监护能力，预防运动伤害事故的发生。

（1）场地选择与布局

①选择合适的场地

运动场地应宽敞、平坦、无尖锐边角和障碍物，以避免幼儿在运动中发生碰撞或摔倒时受伤。同时，场地应具备良好的排水系统，以防止积水导致的滑倒风险。

②合理规划布局

根据运动项目的特点，合理规划场地内的运动区域、休息区、观察区等。确保不同运动区域之间有足够的间隔，避免相互干扰和冲突。同时，设置明显的标识和指引，帮助幼儿和家长快速找到所需区域。

（2）设施与装备安全

①使用安全设施

在场地内安装必要的安全设施，如护栏、软垫、防撞角等，以减少幼儿在运动中受伤的风险。这些设施应符合国家安全标准，并定期检查和维护，确保其处于良好状态。

②配备合适装备

根据运动项目的要求，为幼儿提供合适的运动装备，如运动鞋、运动服、护具等。这些装备应具备防滑、耐磨、透气等特性，以提高运动舒适度和安全性。同时，教育幼儿正确使用和保管装备，避免丢失或损坏。

（3）卫生与清洁

①保持场地清洁

定期清扫运动场地，清除垃圾、尘土等杂物，保持场地干净整洁。特别是对于户外运动场地，应特别注意清理落叶、碎石等自然障碍物，防止幼儿因此受伤。

②定期消毒

对于室内运动场地和公共使用的运动器材，应定期进行消毒处理，以杀灭细菌和病毒，防止传染病的发生。同时，保持室内空气流通，减少空气污染对幼儿的影响。

（4）安全教育与引导

①开展安全教育

在运动前对幼儿进行安全教育，讲解运动中的安全规则和注意事项，提高他们的安全意识和自我保护能力。特别是要强调不推搡、不拉扯、不追逐打闹等危险行为，以及如何在发生意外时正确应对。

②成人监督与引导

在运动过程中，应有成人全程监督并引导幼儿进行安全、有序的运动。成人应时刻关注幼儿的身体状况和运动状态，及时发现并纠正不安全的行为和习惯。同时，对于新加入的幼儿或初学者，应给予更多的关注和指导，帮助他们尽快适应运动环境。

（5）应急准备与响应

①制定应急预案

针对可能发生的紧急情况（如幼儿受伤、火灾等），制定详细的应急预案。预案应包括应急响应流程、救援措施、联系方式等内容，以确保在紧急情况下能够迅速、有效地采取行动。

②组织应急演练

定期组织应急演练活动，让所有人员熟悉应急预案的内容和执行流程。通过演练可以检验预案的可行性和有效性，并发现存在的问题和不足之处，以便及时进行改进和完善。

通过以上措施的实施，可以创造出一个安全、舒适、有序的运动环境，为幼儿的健康成长提供有力保障。

4. 鼓励亲子运动

倡导家长参与幼儿的运动活动，通过亲子运动会等形式，增进家庭成员之间的情感交流，同时让幼儿在家长的陪伴体验运动的乐趣。

（1）强调亲子运动的重要性

首先，我们要明确亲子运动对于家庭和孩子的重要性。亲子运动不仅能够增强家庭成员之间的情感联系，还能让孩子在运动中学会合作、分享和坚持不懈的精神。同时，运动对孩子的身体健康和心理发展都有着不可估量的益处，如提高免疫力、促进骨骼发育、培养自信心和抗压能力等。

（2）选择合适的亲子运动项目

考虑到不同年龄段孩子的身体特点和兴趣爱好，我们可以选择多种多样的亲子运动项目。对于年龄较小的孩子，可以选择一些简单有趣的亲子游戏，如亲子接力跑、亲子跳绳、亲子瑜伽等；对于年龄稍大的孩子，则可以尝试一些更具挑战性的运动项目，如亲子足球、亲子篮球、亲子游泳等。这些项目不仅能够激发孩子的运动兴趣，还能在互动中增进亲子关系。

（3）营造积极的运动氛围

为了鼓励亲子运动，我们需要营造一个积极、愉快的运动氛围。家长可以以身作则，积极参与运动，展示出自己的热情和活力。同时，要给予孩子充分的鼓励和支持，让他们感受到运动的乐趣和成就感。当孩子取得进步或成功时，要及时给予表扬和奖励，激发他们的运动动力和自信心。

（4）制定合理的运动计划

为了确保亲子运动的持续性和有效性，我们需要制定合理的运动计划。计划应考虑到孩子的身体状况、运动能力和时间安排等因素，确保运动量适中、科学合理。同时，要鼓励孩子养成定期运动的习惯，将运动融入日常生活中。家长可以与孩子一起制定运动计划，并在实施过程中相互监督和鼓励。

（5）创造多样化的运动环境

为了丰富亲子运动的体验，我们可以创造多样化的运动环境。除了家庭内部的运动空间外，还可以利用社区、公园等公共场所进行亲子运动。这些场所通常设有各种运动设施和器材，能够满足不同年龄段孩子的运动需求。同时，户外环境还能让孩子呼吸新鲜空气、接触大自然，对身心健康都大有裨益。

（6）培养正确的运动观念

最后，我们要注意培养孩子正确的运动观念。要让孩子明白运动不仅仅是为了锻炼身体、增强体质，更是一种积极的生活方式和人生态度。要教育孩子珍惜运动机会、尊重运动规则、享受运动过程。同时，还要引导孩子关注自己的身体状况和运动感受，避免过度运动或受伤的情况发生。

总之，鼓励亲子运动是家庭教育中不可或缺的一部分。通过选择合适的运动项目、营造积极的运动氛围、制定合理的运动计划、创造多样化的运动环境以及培养孩子正确的运动观念等措施的实施，我们可以为孩子营造一个健康、快乐、充满爱的运动环境，让他们在运动中茁壮成长。

云天幼儿园小篮球课程开展
实施路径

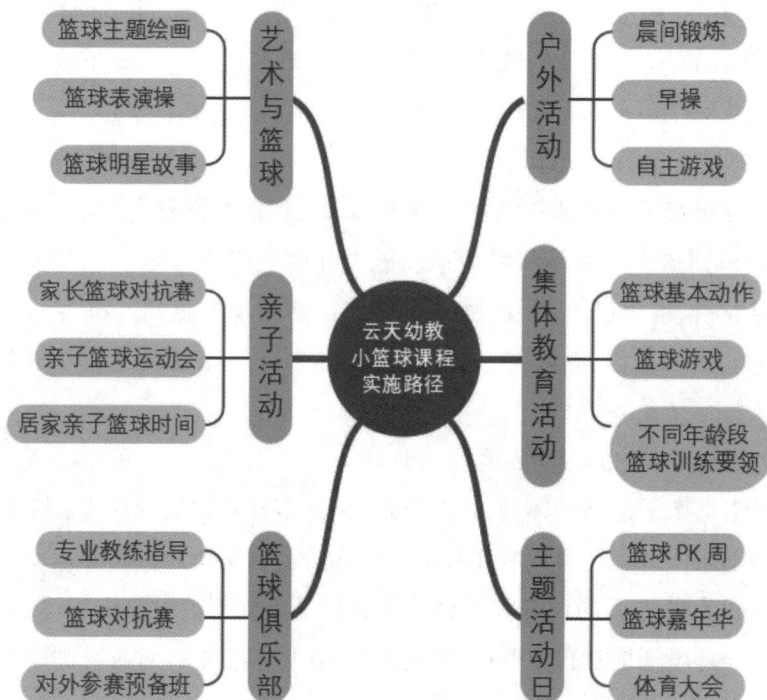

篮球主题绘画 — 艺术与篮球
篮球表演操
篮球明星故事

户外活动 — 晨间锻炼
早操
自主游戏

家长篮球对抗赛 — 亲子活动
亲子篮球运动会
居家亲子篮球时间

云天幼教小篮球课程实施路径

集体教育活动 — 篮球基本动作
篮球游戏
不同年龄段篮球训练要领

专业教练指导 — 篮球俱乐部
篮球对抗赛
对外参赛预备班

主题活动日 — 篮球PK周
篮球嘉年华
体育大会

（二）培养良好习惯

1. 定时定量饮食

培养幼儿良好的饮食习惯，定时定量地进餐，不挑食、不偏食。合理搭配膳食，确保幼儿获得充足的营养，为身体发育提供坚实的物质基础。

2. 规律作息

引导幼儿养成规律的作息习惯，保证充足的睡眠时间。通过制定作息时间表，帮助幼儿建立良好的生物钟，提高身体免疫力，减少生病的机会。

3. 个人卫生

教导幼儿养成良好的个人卫生习惯，如勤洗手、勤剪指甲、不乱摸乱碰等。

这些习惯有助于减少病菌的传播，保护幼儿的身体健康。

4. 自我照顾

培养幼儿的自我照顾能力，如学会穿脱衣物、整理玩具等。这些技能不仅能增强幼儿的理性，还能在日常生活中锻炼他们的手眼协调能力和动手能力。

（三）提升幼儿体质

针对幼儿群体，提升他们的体质是一个核心目标。关键策略如下：

1. 循序渐进，适度挑战

幼儿的身体尚处于发育阶段，因此在选择运动项目和制定运动计划时，必须遵循循序渐进的原则。从简单的动作和游戏开始，逐渐增加难度和挑战性，确保幼儿在安全的环境中逐步提升体能。同时，要注意观察幼儿的身体反应，避免过度劳累或受伤。

2. 多样化运动，全面发展

为了全面提升幼儿的体质，应引入多样化的运动项目。这包括有氧运动（如慢跑、跳舞）、力量训练（通过简单的体操动作增强肌肉力量）、柔韧性训练（如亲子瑜伽）以及协调性训练（如跳绳、抛接球等）。多样化的运动能够全方位地锻炼幼儿的身体素质，促进其全面发展。

3. 注重营养与休息

运动与营养、休息密不可分。在鼓励幼儿参与运动的同时，也要关注他们的饮食和睡眠。确保幼儿摄入均衡的营养，特别是蛋白质、碳水化合物和维生素等对身体发育至关重要的营养素。同时，要保证幼儿有足够的睡眠时间，以便身体能够充分恢复和成长。

4. 培养良好的运动习惯

习惯决定未来。在幼儿时期培养良好的运动习惯，将为他们的终身健康奠定坚实的基础。可以通过设置固定的运动时间、与孩子一起制定运动计划、定期参加户外活动等方式，激发幼儿的运动兴趣并培养其自律性。当运动成为孩子日常生活的一部分时，他们的体质也将自然而然地得到提升。

5. 关注心理健康与情感交流

在提升幼儿体质的过程中，心理健康和情感交流同样重要。亲子运动不仅是身体上的锻炼，更是心灵上的沟通。应关注孩子的情绪变化，鼓励他们表达内心的感受和需求。通过共同参与运动活动，家长和孩子可以增进了解、加深感情，为孩子的健康成长营造温馨和谐的家庭氛围。

通过上述适度运动和习惯培养的策略，可以有效地提升幼儿的体质水平。适度的运动能够增强幼儿的心肺功能，提高身体免疫力，减少生病的机会；而良好的习惯则能够帮助幼儿保持健康的生活方式，促进身体的正常发育和成长。因此，幼儿园保育工作中应高度重视适度运动和习惯培养的重要性，为幼儿营造一个健康、快乐的成长环境。

四、及时有效的心理干预是幼儿心理健康的关键。

3 至 6 岁是幼儿心理发展和人格形成的重要时期，也是幼儿社会化的初始阶段。在幼儿阶段出现问题，会对幼儿今后发展有着长远的影响。因此建立心情卡制度、进行幼儿心理干预等措施有效促进幼儿心理健康。

（一）建立心情卡

建立心情卡制度：在幼儿园这一温馨的学习与成长环境中，为了更加细致地关注每位幼儿的心理状态与情感需求，我们可以创新性地实施"心情卡"制度。每个幼儿进园按自己心情拿放心情卡，老师根据幼儿心情给予疏导。这一制度旨在通过简单而直观的方式，让幼儿每天入园时就能表达自己的情绪状态，从而为老师提供即时的心理反馈，以便更有效地进行情感疏导与个性化关怀。

1. 心情卡设计

心情卡可以采用鲜艳的色彩和生动的图案来吸引幼儿的注意力。每张卡片上绘制不同的面部表情，如微笑代表开心、皱眉代表难过、疑惑的表情代表有疑问或不安等，每种表情都对应一种基本情绪。卡片的大小和材质需考虑到幼儿的安全与易用性，确保无毒、无锐角，易于拿取和放置。

2. 入园时选择

每天早晨，当幼儿进入幼儿园时，老师会在显眼的位置设置心情卡板。幼儿根据自己的心情，自主选择一张卡片，并将其放置在指定的区域。这个过程既是一种自我表达的方式，也是对老师的一种无声诉说，让老师能够迅速捕捉到幼儿的情绪状态。

3. 情感观察与记录

老师需定期检查心情卡板，留意每位幼儿的选择。对于表现出负面情绪（如难过、生气）的幼儿，老师应主动上前询问原因，给予温柔的关怀和倾听。同时，老师还可以记录幼儿的心情变化，作为日后了解幼儿心理动态、制定个性化教育计划的参考。

4. 情绪疏导与干预

针对不同幼儿的心情状态，老师需采取不同的疏导策略。对于开心的幼儿，可以给予鼓励和表扬，进一步增强其积极情绪；对于难过的幼儿，则需耐心倾听其烦恼，提供安慰和支持；对于生气的幼儿，则需引导他们学会情绪管理，通过深呼吸、数数等方法平复心情。此外，老师还可以组织小组活动或游戏，帮助幼儿在游戏中释放情绪、建立友谊、增强自信心。

5. 家园共育

心情卡制度不仅是幼儿园内的情感沟通工具，也是家园共育的桥梁。老师可以定期与家长沟通幼儿的心情变化及疏导情况，共同商讨教育策略，促进幼儿身心的全面健康发展。

通过实施心情卡制度，幼儿园可以更加精准地把握幼儿的心理状态，为每位幼儿提供个性化的情感关怀与心理疏导。这不仅有助于提升幼儿的情绪管理能力与心理健康水平，还能促进师生之间的情感交流与信任建立，为幼儿园营造一个更加和谐、温馨的成长环境。

（二）建立"心理偏异幼儿专案"

幼儿园开展"建立心理偏异幼儿专案：对心理偏异特殊幼儿进行长期干预"的具体操作流程，是一个细致入微且充满人文关怀的过程，旨在全方位地关注和支持每一位心理偏异幼儿的健康成长。

1. 我国儿童健康态势与心理干预策略

随着我国社会经济的快速发展、科学技术的不断创新以及计划免疫的广泛应用，儿童常见的传染病发病率显著降低，其他常见疾病如皮肤病、呼吸道感染、营养缺乏性疾病等的发病率亦呈下降趋势。同时，医疗观念从传统的生物医学模式向现代的社会生活心理医学模式转变，认识到除了生物因素外，社会因素和心理因素在疾病发生发展中也扮演着重要角色。据各地调查数据显示，儿童行为偏异的发生率约为 10%~20%，这一现象引起了广泛关注。

2. 班级发现与初步记录

（1）日常观察

班级教师需在日常教学、游戏及生活活动中，保持高度的敏感性和观察力，细心留意每位幼儿的行为表现、情绪变化及社交互动情况。

（2）特殊表现记录

一旦发现某位幼儿在情绪管理、社交技能、注意力集中、自我认知等方面存在明显异常或持续性的不适应行为，教师应及时、客观地进行记录，包括具体事件、发生时间、幼儿反应及周围环境等因素。

（3）初步评估

基于观察记录，班级教师可初步判断该幼儿是否存在心理偏异倾向，并与同班教师、保育员进行讨论，共同确认是否需要进一步的专业评估。

3. 保健医生介入与家长沟通

（1）专业评估

保健医生根据班级教师的反馈，对疑似心理偏异的幼儿进行初步的心理健康评估，包括情绪状态、行为模式、认知发展等方面的评估。

（2）家长联系

保健医生及时与家长取得联系，以诚恳、专业的态度向家长说明情况，了解幼儿在家庭中的表现及可能的影响因素，共同探讨幼儿心理偏异的原因。

（3）家庭环境调查

在征得家长同意的前提下，保健医生或专业团队可通过家访、电话访谈等方式，进一步了解幼儿的家庭环境、亲子关系、家庭氛围等，为制定干预措施提供全面信息。

4. 制定与实施干预措施

（1）个性化干预计划

基于评估结果和家庭环境调查，由专业团队（包括儿童心理学家、心理咨询师、特殊教育教师等）共同制定针对该幼儿的个性化干预计划，明确干预目标、方法、时间表和责任人。

（2）多领域干预

干预措施应涵盖认知、情感、行为、社交等多个领域，采用游戏疗法、艺术疗法、认知行为疗法等多种方法，结合幼儿的兴趣爱好和实际情况进行灵活调整。

（3）教师观察记录

班级教师需每月对干预过程进行详细的观察记录，包括幼儿的行为变化、情绪反应、社交互动等方面的进步或挑战，以及干预措施的实施效果。

5. 结案与后续支持

（1）效果评估

经过一段时间的干预后，专业团队需对幼儿的心理健康状况进行再次评估，与干预前进行对比分析，评估干预效果。

（2）结案报告

根据评估结果，撰写结案报告，总结干预过程中的成功经验、存在的问题及改进措施，为未来的工作提供参考。

（3）后续支持

对于已经取得显著进步的幼儿，应继续提供必要的后续支持，巩固干预成果；对于仍需进一步干预的幼儿，则应根据实际情况调整干预计划，持续进行关注和支持。

整个过程中，幼儿园应始终秉持以幼儿为中心的原则，尊重每位幼儿的个体差异和独特性，为心理偏异幼儿营造一个充满爱、理解和支持的成长环境。

2. 响应与行动

鉴于此，幼儿园高度重视幼儿的心理健康，旨在确保在园幼儿的全面健康成长。自 2010 年起，集团实施了一系列针对性的干预措施，以应对儿童行为偏异的挑战。

（1）执行步骤

a. 初步调研

对在园儿童进行全面的心理卫生状况调查，通过问卷形式收集相关信息。

b. 数据分析

对收集到的问卷数据进行汇总与深度分析，以识别潜在的心理行为偏异迹象。

c.建立专案

针对识别出的心理行为偏异幼儿，建立专门的"心理偏异幼儿专案"，实施长期、系统性的干预措施。

通过上述措施，云天幼教集团旨在为在园幼儿提供全方位的心理健康支持，预防和减轻儿童行为偏异现象，促进其身心和谐发展，为孩子的健康成长奠定坚实的基础。

（2）具体案例

心理偏异幼儿个案一

幼儿园名称：庆云云天幼儿园

班级：大六班

幼儿姓名：马XX

建档：庆云云天园保研室

幼儿姓名：马XX 出生201X 年 X 月 XX 日，实际年龄 5 周岁

性别：男女（是）

出生史：性别：男女 出生史：足月是早产（足月）过期产（月）顺产难产：剖官产胎头吸引，产钳。窒息：轻，中，重。评分：_____。出生体重 3.9千克；产次：单胎（单胎，双胎，多胎）。母亲生育年龄：24。

生长史：

生长史：抬头 3 月，认人 5 月，会坐 8 月，会爬 9 月，会站 13 月，会走 18 月，无所指说话 10 月，有所指说话 15 月。

疾病史：黄疸，脐炎，腹泻，反复上呼吸道感染，肺炎，硬肿症，脑瘫，智力落后，语言障碍，畸形无，其他无，就诊：是，否。

诊断名称：无，诊断单位无。

家族史：哮喘，高血压，糖尿病，梦游，精神病，多动症，耳聋，语言障碍，智力落后，其他无。

家庭状况：

职业：父：职员母：教师文化程度：父大专母 本科

吸烟：父三支母 无 (每天平均几支)

喝酒：父无 母无

居住场所环境污染：有，无 (是)

抚养人：父母 (是)、祖母 (外婆)、保姆、寄养、其他。

幼儿行为、情绪偏异的时间：2020 年 9 月

表现：

幼儿行为，情绪偏异的时间 2020 年 9 月表现：由由小朋友于 9 月份刚进幼儿园，刚入园时的午睡时间就爱用嘴咬着布入睡。妈妈说从小就和孩子分床睡觉时养成的习惯，现在刚到一个陌生的环境，孩子过于紧张，这种现象就很强烈，如果午睡不咬着布入睡就拒绝午睡

实施措施：

1. 在家长方面：晚上睡觉前和幼儿一起看故事书，和孩子讲讲幼儿园里的趣事，而不是给孩子一块布让他单独入睡。

2、在幼儿园方面：老师多讲一下小朋友入睡前应该做什么事情，让幼儿听音乐入睡，给幼儿讲嘴巴咬布、被角入睡的坏处，布上有细菌，宝宝吃到肚子里会生病等等。

观察记录：

2020 年 9 月：由由睡觉时还是离不开那块布，当老师讲故事看到时会主动拿开，不在老师的视线时又会悄悄地把布放到嘴巴里。

21 年 1 月：这个月由由有了很大的进步，睡觉时虽然还会拿着布，但却不会把它放到嘴巴里了，但每次都会把那块布放到枕边，不能放到离他视线以外的地方。

21 年 2 月：由由这个月进步很大，虽然每天还是得拿着布来幼儿园，但宝贝却把它放到小书包里再也不拿出来了搂着睡觉了，只是有时还会忍不住的去拉开书包拉链把布拿出来闻一闻味道。

21 年 3 月：4 个月过去了，由由完全适应了幼儿园的生活，每天都会高高兴兴地来幼儿园，那块布也被妈妈放回了衣橱里，和宝贝永远地再见了，现在由由不但睡觉时不再咬布，看到别的小朋友咬被角宝贝都会说：上面有细菌，吃到肚里会生病的。

幼儿园幼儿心理偏移干预案例二：小雨的故事

案例背景

小雨（化名），4岁半，幼儿园小班的一名学生。近期，老师注意到小雨的行为模式发生了显著变化。原本活泼开朗的她变得沉默寡言，经常独自坐在角落里，对玩具和游戏失去了兴趣。她不再主动与同伴交流，甚至在老师尝试与她沟通时，也会表现出回避或抵触的情绪。

初步评估

1. 社交障碍：小雨拒绝参与集体活动，与同伴的互动减少，表现出明显的社交退缩。

2. 情感表达受限：她的面部表情和肢体语言变得单调，难以从外表看出她的真实情感。

3. 兴趣丧失：对原本喜爱的活动和玩具失去兴趣，显得无精打采。

4. 家庭因素：经与老师沟通，得知小雨的家庭近期发生了一些变化，可能是导致她心理偏移的潜在原因。

假设性诊断

基于上述观察，初步判断小雨可能正在经历由家庭变化引发的心理应激反应，导致她出现了社交退缩、情感表达受限和兴趣丧失等心理偏移迹象。

干预策略

1. 情感支持

老师和小雨建立一对一的亲密关系，通过温柔的话语和关怀的行为，让她感受到被理解和支持。

鼓励小雨表达自己的感受，即使是通过绘画、手工等非语言方式，也要给予积极的反馈。

2. 社交引导：

在老师的监督下，逐渐引导小雨参与小组活动，让她与同龄伙伴进行互动，逐步恢复社交能力。

安排一些需要团队合作的游戏和任务，让小雨在完成任务的过程中体验到社交的乐趣。

3. 兴趣激发：

观察小雨的兴趣点，尝试为她提供多样化的玩具和活动，以激发她的好奇心和探索欲。

鼓励小雨参与幼儿园的兴趣小组或特色课程，让她在感兴趣的领域找到自信和成就感。

4. 家庭沟通：

与小雨的家长保持密切联系，了解家庭变化的具体情况，并共同探讨如何在家中也给予小雨足够的情感支持和安全感。

建议家长在家中为小雨营造一个温馨、稳定的环境，减少不必要的冲突和变化，帮助她度过这段心理适应期。

5. 专业咨询：

如果小雨的心理偏移情况持续加重或影响到她的日常生活和学习，建议家长考虑寻求专业的儿童心理咨询师进行进一步的评估和干预。

干预效果评估

经过一段时间的干预，小雨的情况逐渐得到改善。她开始主动与同伴交流，参与集体活动的次数增多，笑容也重新回到了她的脸上。她对玩具和游戏的兴趣逐渐恢复，甚至主动要求参加一些新的活动。家庭环境的变化也得到了妥善处理，小雨在家中也感受到了更多的关爱和支持。这些变化表明干预措施取得了积极的效果，小雨正在逐步走出心理偏移的阴影。

通过实施科学合理的一日生活作息制度，结合合理膳食、疾病防控、适度运动、习惯培养、心理健康教育等多方面的综合策略，可以有效促进幼儿的健康成长。这不仅需要保育人员的专业知识和技能，还需要家庭、学校和社会的共同努力，共同营造一个有利于幼儿全面发展的环境。

（三）儿童心理健康的标准

1. 智力正常

智力是人的观察力、注意力、想象力、记忆力、思维力和实践活动能力等的综合。智力正常是人正常生活最基本的心理条件，是心理健康的首要标准。世界卫生组织（WHO）和许多国家提出的精神疾病分类体系中，都把智力发育不全或阻滞视为一种心理障碍。一般来说，智商低于 70 即为智力落后。

2. 善于协调与控制情绪

情绪在心理健康中起着核心的作用。心理健康的儿童能经常保持愉快、开朗、自信的情绪，天真活泼快乐，善于从生活中寻求乐趣，对生活充满希望；情绪稳定性好，具有调节控制自己的情绪以保持与周围环境动态平衡的能力

3. 具有较强的意志品质

意志是人意识能动性的集中体现，是个性的重要组成部分。健康的意志品质的特点是：目的明确合理，自觉性高；善于分析情况，意志果断；坚韧不拔，有毅力，心理承受能力强；自制力好，既有实现目标的坚定性，又能克服各种干扰因素，不放纵任性。

4. 人标关系和谐

和谐的人际关系既是心理健康不可缺少的条件，也是获得心理健康的重要途径。和谐的人际关系表现为：一是乐于与人交往，尊重别人的愿望和要求，既有稳定而广泛的人际关系，又有知心的朋友，能愉快地和周围同龄伙伴和谐相处，能够较好地处理小朋友之间的冲突和纠纷；二是在交往中保持独立而完整的人格，有自知之明，不卑不亢；三是能客观评价别人，取人之长补己之短，宽以待人，友好相处，乐于助人；四是交往中积极态度多于消极态度，不存在孤僻、独占、退缩或攻击行为，能够较好地适应新环境，能和老师尽快建立感情。

5. 心理协调，个性健全

心理健康的儿童，行为具有目的性，受理智支配，认识活动、情绪反应、性格特征等心理活动的各个方面是和谐统一的。他们的行为反应的强度与刺激强度相适应。他们有积极的处世态度，与社会广泛接触，能够很好地适应和改造现实环境，从而使心理活动和行为方式协调统一，具有健全的个性。

6. 奋发向上，自强自制

心理健康的儿童，具有乐观、积极、进取的精神，能将自己的志趣和精力倾注于学习和活动中，并充分地和建设性地发挥其智慧与能力，尽自己努力去克服困难，争取最大的成就。他们遵守集体规范，能克制自己，不任性，不违拗，认识与行为协调一致。他们有理想，思维活跃，在游戏和各项学习活动中，富有创造性，并能较好地处理遇到的困难和挫折。

7.心理表现与年龄特征相符合

人的心理和行为是随着年龄的增长而发展变化的，从而形成不同年龄阶段独特的心理行为模式。心理健康者应具有与自己年龄中的多数人相符合的心理行为特征。一个人的心理行为如果经常严重偏离自己的年龄特征，也是心理不健康的表现。

（四）父母心理健康的标准

在一些家庭中，存在"以孩子为中心"的局面，一切为了孩子是这类家庭的基调；而另一些家庭中的父母，可能对孩子采取忽视、冷漠甚至粗暴的态度和方法。从社会学的角度来看，这些父母的表现，都属于角色畸形，属于消极的角色期待。为了孩子的心理健康，父母应当克服这些不同的角色畸形。衡量称职的父母心理健康的标准是：

1.喜欢而且经常与孩子接近。

2.尊重孩子的兴趣和爱好，乐于和孩子一起解决困难。

3.善于和孩子交流，能和孩子沟通思想感情。

4.能根据孩子的发展程度提出合理要求，讲究教育的方法和艺术。

5.能创造一个和谐欢乐的民主家庭，有家规可循。

6.父母心理平衡，有适应环境的能力，有良好的人际关系。

7.以身作则，行为端正，有知识，有修养。

第四节　家园共育——教育同盟的建立与深化

教育家苏·霍姆林斯基曾经说过："没有家庭教育的学校教育和没有学校教育的家庭教育都不可能完成培养人这一极其细致和复杂的任务。"这说明在教育这个问题上，学校教育重要，而家庭教育同样重要甚至更重要。

幼儿、教师、家长的一体化协同化发展，是我们的一种理想状态，如何才能做到也是我们一直在思考的问题，在践行的路上，我们的目标就是想达到我们的幼教梦想："让更多的孩子享受更优质的素质教育，让每一位家长感受孩子成长的与众不同，让每一位教师享有精彩而有尊严的职业生涯。"

我想当我们达到我们的幼教梦想的时候才能真正实现我们的家园协同驱动共赢。

家园协同驱动共赢，赢什么，我想就是各方面利益的最大化：幼儿赢得成长与快乐！教师得赢专业和幸福，家长赢得成就与圆满！幼儿园赢得口碑和教育效益。那么在这条道路上，我们做了哪些探索？又达到了哪些效果？有哪些经验和教训值得我们总结呢？

一、家庭教育的重要性

（一）做家庭教育的由来

在幼儿园教育中，园长、老师最头疼的问题是什么呢？是家长对幼儿园工作的不理解与不支持？还是家长错误的或者不全面的教育想法给幼儿教育和孩子带来的问题？抑或是园长、老师无法给家长正确的引导？

如果问家长你希望你的孩子长大后成为什么样的人？是健康、快乐、开朗、阳光、活泼、豁达、勇敢、守规矩、有礼貌、有爱心，负责任、自信、……还是其他答案？

1. 家庭教育误区

请记住一句话：孩子是看着父母的背影长大的！

在中国家长的视角里，养育孩子的重点往往聚焦于提供物质条件的舒适、确保身体健康发育，教育上侧重于教授孩子掌握书本知识，包括自然科学、社会科学等学科的基础知识。然而，这种观念上的偏重，尤其是过分关注孩子在学术成绩方面的表现，常常导致家长陷入一种灾难性的误区。

家长们往往误以为，只要孩子在学业上取得优异的成绩，就能保证孩子未来的成功。这种观点忽略了孩子全面发展的重要性，忽视了情感、社交、道德、审美等非学术领域对孩子成长的深远影响。实际上，仅仅关注孩子的学业成绩，并不能完全预测或保证孩子的未来成就。

错误的教育观念还表现在过度强调记忆和死记硬背的学习方式。这种做法往往剥夺了孩子在学习过程中的乐趣和主动性，使学习变得机械而乏味。孩子在这种环境下，不仅可能失去对学习的兴趣，也可能无法培养出真正的学习能力，即批判性思维、创新能力和解决问题的能力。

在教育孩子的过程中，家长往往过于关注眼前的成果，如孩子的行为是否听话、识字量、数学运算能力等短期指标，而较少从长远的角度考虑，即孩子未来发展的可能性和潜力。这种短视的教育观念可能会限制孩子的发展空间，忽视了培养孩子内在的兴趣、好奇心、自信心和适应能力的重要性。

因此，我们需要反思并转变教育观念，重视孩子的全面发展，不仅关注学术成绩，还要注重情感、社交、道德、艺术等方面的培养，鼓励孩子探索、创新和自我表达，激发他们的内在动力和潜力，为他们的一生发展奠定坚实的基础。

2. 家长的工作领域

如果我们将孩子的教育比作一棵大树的成长，那么我们可以这样理解各个组成部分：

树冠：代表孩子的知识与技能。这是教育者（包括教师、学校、教育机构）的主要工作领域，他们通过教学活动、课程设计、课外活动等，帮助孩子获取知识、培养技能，促进其全面发展。

树干：象征孩子的身体。它遵循自然规律，通过遗传基因的表达，按照正常的生长模式发展。家长的主要工作领域在于提供适宜的物质营养和生活环境，确保孩子健康成长。过多的干预或不当的营养供给不仅无效，反而可能导致肥胖症等问题，影响孩子的整体发育，包括智力发展。

树根：比喻孩子的"心灵"，是其生命的根本。树根负责吸收水分和养分，为树木的生长提供能量和支撑。在孩子的成长中，树根代表了情感、价值观、性格、道德观念等内在品质的培养。家长和教育者在这个领域的任务是引导孩子形成积极健康的人格，建立正确的人生观、世界观和价值观。

家长和教育者在孩子成长的三个关键领域（知识与技能、身体、心灵）中各有侧重。家长主要关注孩子的身心健康和内在品质的培养，而教育者则负责知识与技能的传授，以及引导孩子探索世界、培养解决问题的能力。双方的共同努力，才能帮助孩子成长为全面发展的个体。

在孩子的成长过程中，家长和幼儿教师的工作领域犹如一棵树的根基、树干和树冠，各自承担着不可替代的角色。树根，代表孩子心灵的培育和发展，是决定树冠（知识与技能）和树干（身体）成长的关键所在。那些特别优秀的孩子，他们的出色并非偶然，而是源于深厚的"根"的教育——即心灵的塑造。

哲学家约翰·洛克在其著作《家庭学校》中深刻指出，家长的任务在于塑造孩子的心灵。这一比喻形象地表达了家长和教师在教育中的角色，即作为"树根"的塑造者，他们通过培养孩子的精神人格，为孩子未来的发展奠定坚实的基础。教育家苏霍姆林斯基进一步强调了家庭教育与学校教育的互补性，他指出，没有家庭教育的学校教育和没有学校教育的家庭教育都无法完成培养人这一复杂任务。这表明，在教育孩子的过程中，家庭教育与学校教育同等重要，甚至在某些方面更为关键。

因此，作为家长和教师，我们的首要任务应当是关注孩子的精神人格培养，即非智力因素的培养，包括世界观、人生观、价值观、思维方式、行为模式、责任、承诺、担当、规则等。这些因素才是决定孩子未来成功与否的核心要素。然而，在现实生活中，许多家长往往陷入了本末倒置的误区，过分关注孩子的学习成绩、行为表现等表面现象，而忽视了对孩子内心世界的关注和引导，从而错过了塑造孩子精神人格的关键时机。

简而言之，家长和教师应将焦点放在培养孩子深厚的精神根基上，通过教育引导孩子形成正确的价值观、积极的人生态度和健全的人格，从而为他们未来的成长和发展奠定坚实的基础。只有这样，我们才能避免"左手捡芝麻，右手丢西瓜"的现象，真正做到"根深才能叶茂"，为孩子的全面发展和未来成功铺平道路。

（二）家庭是孩子的第一所学校。

孩子的每一个成长都关系到家庭的幸福。你认为：十年后我们的孩子会是什么样子？十年后，你的孩子将会呈现出截然不同的面貌。他们或许会成长为儒雅的优秀学生，抑或是国家栋梁，肩负起社会的责任与希望。但也有可能，他们成为社会中的混混，沉溺于抽烟、喝酒、早恋等不良行为，口出粗言，甚至卷入打架纷争，最终误入歧途，难以专心于正道。还有一种可能性，他们可能选择不走正轨，对学习和工作缺乏热情，沉湎于娱乐和游戏之中，缺乏长远目标与规划。这每一种走向，都反映出家庭教育、社会环境和个人选择的重要性。

这些都是真实存在的，十年之后当我们的孩子出现不好的情况时，我们家长还能抱着我们努力挣来的钱说我很幸福，我很成功吗？

是什么导致了不同的状况？为什么出现了种种不同的学生？我们的孩子是从什么时候开始变得我们无法理解？他们的这些行为起源于哪里？是谁在影响着他们？他们的这些行为是在什么时候慢慢形成的？谁是接触到这些家长的第一批教育工作者？

教育是一个润物细无声的过程，父母一言一行都会对孩子产生潜移默化的深远影响，即使孩子长大成人，无论在性格方面还是在处事方面，都好像有父母的影子把控着，可见，父母的言行举止对孩子的影响多么大。

学术界研究的结论：在幼儿教育阶段，学校教育对孩子的影响占25%，家庭教育的影响占70%，社会教育的影响占5%。家庭是孩子的第一所学校，也是永远的学校；父母是孩子的第一任老师，也是永远的老师。

1. 了解孩子的行为：敏感期与成长困惑

我们都在高呼着爱孩子，为了孩子甚至可以牺牲自己的生命，可是我们了解孩子吗？大家都知道爱的前提是相互了解，我们在选择爱人的时候就明白这个道理，可是孩子，我们了解吗？

孩子为什么就喜欢钻在桌子下？

大班的孩子回到家里为什么经常说长大要娶谁？

前一刻还很开心突然就大哭不止，这是为什么？

小班的小朋友为什么老喜欢捡地上的小东西？

下雨啦，小朋友们怎么老爱踩水走？

我们真的确定爱我们的孩子吗？

这些所有的行为每个孩子都会有，只是表现的程度不同，这些家长都知道吗？这些是每个孩子都会有的敏感期，如果敏感期呵护不好会给孩子将来的生活和学习造成什么样的困惑？

秩序敏感期得到充分发展的孩子，头脑清楚，思维开阔，安全感强，能深入理解事物的特性和本质；孩子的秩序敏感期呵护不好，将来很难进行自我管理，思维也比较混乱，学习成绩也难好。

破坏了孩子空间敏感期的发展，孩子长大后就容易笨手笨脚，开车都容易出事故。

孩子的细小事物敏感期呵护不好，将来孩子做事很难做到认真和细致，会粗枝大叶，毛毛糙糙，在学习上的表现是容易粗心，比如写字容易缺偏旁少部首，或加减笔画，做数学容易丢落数字，看错题。

（1）出生敏感期

作为家长，我们深知孕育生命的过程看似简单，实则蕴含着大自然的奇迹与复杂。因此，为何不通过教育，让孩子了解到生命的源头与终结，使他们深刻体会到生命的珍贵与脆弱？这不仅是对生命价值的肯定，更是对孩子情感与道德观念的培养。

当孩子们好奇地询问"我是从哪里来的？"时，许多母亲的回答充满了爱与智慧。她们或许会以简单而温暖的方式，讲述生命的奇妙旅程，既不回避也不夸大生命的起源，而是以一种让孩子易于理解的方式，传达生命的神圣与不可复制性。

在儿童的成长过程中，尤其在出生的敏感期，理解生命的诞生与自然的循环，对孩子们来说至关重要。这样的认知不仅能给他们带来安全感，更能激发他们对生命的敬畏之心，从而更加珍惜自己的存在。

然而，在现实生活中，当我们目睹身边那些因疾病或意外而遭受苦难的人们时，往往会被深深触动，甚至不禁发出"生不如死"的感慨。但在此刻，我们应当引导孩子学会从另一个角度看待生命——即便面对艰难与痛苦，生命依然是最宝贵的礼物。通过这样的教育，孩子们能够学会尊重每一个生命，不论其状态如何，都应被视为宝贵的。

（2）婚姻敏感期

大学生因为感情失败而选择杀人、自杀的极端方式解决的，生活当中少吗？不合适分开，这是多么正常的事情，为什么就是有的人很难正确看待他。这也需要从儿童时期的敏感期里找原因，那就是婚姻敏感期。

婚姻敏感期最初的表现是对自己父母的喜欢。

随着年龄的增长，对婚姻的认识也会逐渐发展。比如，最早是和爸爸妈妈，后来现爸爸妈妈再爱我也不能结婚，因为他们是大人，我是孩子，还得找同龄人结婚，这时他们就会从小伙伴里找小伙伴结婚。这时他们的选择就是强制的，谁做我的王子，谁是我的公主，如果人家不乐意，孩子就会哭。这需要我们家长和老师的介入：你喜欢他，他不喜欢你，你可以重新选择。实际上当我们告诉他，重新选择的时候，我们就告诉了孩子一条出路，这点对孩子非常重要。儿童立刻发现我是可以重新选择的，等孩子到了大班后期的时候，他们能够很淡然地去接纳这个问题，因为你很优秀，别人喜欢你，你也可以选择别人，没有关系，你喜欢他不喜欢我，不是我不好，而是我们不合适。所以儿童通过几个月发展来完成的事情，可能我们成人需要一年或十年都没有办法解决的。

而我们往往是怎么做的，当孩子说谁不喜欢他时，我们告诉孩子你分糖给她吃或者带玩具给她玩，用外界的物质去换暂时的融合，就有了长大之后的那些用花，用车等等去换取暂时的融洽，可能长久吗？一旦面对分开，我们的孩子就有了挫败感甚至是绝望，那时他的选择往往是极端的。亲爱的家长们，我们用我们的无知一步步把孩子送上绝路，我们知道吗？

（三）协同共育初衷

孩子成长过程中的每一个小细节，实际上都是他们未来幸福生活的基石。作为家长，我们都渴望能够提供最优质的教育，避免因自身对教育理解的不足而影响孩子的成长。虽然我们可以通过阅读书籍和查阅资料获得一定的教育方法，但在实践中往往感到困难重重，尤其是在坚持执行和保持一致性方面。这主要是因为教育是一个持续且需要耐心的过程，对于忙碌的家长来说，很难始终保持高度的投入和持续的努力。

为了克服这一挑战，寻求专业的支持和指导显得尤为重要。专业教育者和心理学家能够提供系统的方法论，帮助家长理解教育背后的原理，掌握实用的教育技巧，并指导如何在日常生活中有效地实施这些方法。此外，他们还能提供个性化的建议，针对每个孩子的特点和需求，制定最适合的教育计划。

基于此，我们决定开展"构建家、园、社一体化教育打造幼儿、教师、家长一体化成长"项目。该项目旨在整合家庭、幼儿园和社会资源，形成一个全面的教育支持系统。通过这个项目，我们希望能够做到：

1.提供专业培训：为家长和教师提供定期的专业培训，涵盖最新的教育理念、方法和工具，帮助他们提升教育技能。

2.建立沟通渠道：创建一个平台，促进家长、教师和社区之间的交流，分享经验，解决教育困惑，共同探讨更有效的教育策略。

3.定制个性化指导：根据每个孩子和家庭的具体情况，提供个性化的教育建议和服务，确保教育方案能够切实满足孩子的成长需求。

4.持续跟踪与支持：通过定期的评估和反馈机制，监测孩子的成长进展，及时调整教育策略，确保持续的教育效果。

通过一系列措施，我们相信能够有效提升教育质量，帮助家长和教师更好地理解并实践教育方法，同时也为孩子提供一个全面、支持性的成长环境。最终目标是实现幼儿、教师、家长三方的共同成长，共同构建一个充满爱、理解和支持的教育生态系统。

二、全方位立体化打造家园共育体系——幼儿、教师、家长的一体化发展

（一）探索幼儿园阶段家、园、社一体化教育的必要性与挑战

1.研究背景

研究表明，现代社会学生心理问题越来越多，有抑郁倾向和抑郁症的孩子占到近50%,

青少年犯罪、自杀的人数也逐年上升，究其背后的原因，与家庭教育、社会压力大等都相关。同时孩子的成长，尤其在幼儿园阶段，家庭和社会的影响占到70%以上，因此，在幼儿园阶段做好家园社区共育是十分必要和重要的。幼儿园和学校在引领家长的家庭教育中也存在各种不足，导致问题得不到解决。因此，提出以下三方面重点问题：

（1）家长方面

家长对幼儿园的保教工作不了解不支持，知道一些育儿知识但是做不到，在一定程度上影响了孩子的发展。

传统的家园共育模式比较单一，家长不了解幼儿园的保教工作，出现问题完全归责于幼儿园，不支持和配合教师的工作。家长自己通过书籍、网络等形式，了解到一些科学育儿知识，但是知道却做不到。

（2）教师方面

教师专业性欠缺，沟通能力较差，在对家长家庭教育的指导上不能很好

的引领家长进行家庭教育。

很多幼儿教师最困惑的就是家长的不理解：孩子在幼儿园吃不饱不行，有点磕碰有的家长就会不依不饶，孩子出现任何问题都会归咎于教师。所以很多幼儿教师害怕做家长工作，不知道如何引领家长，遇到问题更不知道如何处理。

（3）社区方面

幼儿园和社区的联系少，社区参与育儿活动少，不积极。

2. 实践与探索目的

（1）丰富和完善家园共育的模式，让家长充分参与幼儿园的保教工作，了解幼儿教育的重要性以及科学幼儿教育的基本理念和方法。

（2）提升教师开展家园共育工作的主动性和专业能力，促进家园社区共育效果的提升，实现幼儿、教师和家长一体化发展的目标。

（3）研发一套系统专业的家长学堂的课程，有效提高家长及教师的家庭教育能力。

3. 实践与探索内容

立足于幼儿、教师和家长一体化发展的研究视角，探究家园共育的模式、方法和路径，研究的主要内容包括：

（1）创新家园共育的模式，打破传统模式，让家长充分参与幼儿园的活动，充分了解幼儿园的保教工作，做到支持和配合幼儿园的工作，共同为幼儿的发展助力。

（2）研究提升教师开展家园共育工作主动性和专业性的方法和措施，积累可以帮助教师提升家园工作效果的活动方案。

（3）建构提升家长教育能力的课程体系，帮助家长打造学习型家庭，帮助幼儿园建构学习型园所。

（4）编写有助于帮助教师提升家园社区共育能力的活动案例集和手册，让教师在开展家园社共育工作方面能有所借鉴。

（5）研究提升社区参与活动积极性的有效措施，拓宽家园社区共育的资源，助力更多家庭提升家庭教育能力。

二、解决问题的过程与方法

（一）纵向时间层面解决过程与方法

自 2012 年开始，我们就加强了园所家园共育工作的研究，经历了以下三个阶段：

1. 探索尝试阶段

经过建园初三年的探索，基本上形成了一些传统的家园共育模式，包括家长会、家园联系册、家伙委会、早晚沟通等显性的模式。这些模式的实施，基本上能够达到让家长了解幼儿园工作的目的，但是依然会存在很多的问题。比如家长不知道幼儿在园的一天是如何度过的，依然存在不理解和不满意教师工作的现象。于是我们开展了很多家长走进幼儿园的活动，比如：半日开放、家长进课堂、家长访谈、离园十分钟分享等活动。

2. 丰富调整阶段

经过前一阶段的尝试，在家园共育的模式上有了很大的提升，从显性模式到隐性模式，家长对幼儿园的了解也越来越深入。在这个阶段，主要以家长看到孩子的成长为主要目标，开展了丰富多彩的家园共育活动。对传统的家园共育模式也进行了调整，使其能够更好的发挥效果。比如家长会，由传统的讲座式家长会向体验式家长会过渡，在这个过程中既提升了教师的专业性，也达到了提升家长教育能力的目的。

3. 完善升级阶段

前两个阶段的研究，基本上都是指向全体家长的，没有关注到家长的差异性和个性化需求。根据前期经验的积累，研发出一套适合家长以及教师的一套家长学堂的课程，通过体验式的参与方法，可以有效提高教育能力。这套课程涵盖了沟通技巧、心态管理、责任承诺、思维突破以及如何保持家庭和谐等内容，有效帮助家长实现构建学习型家庭。

（二）横向具体问题方面解决过程与方法

1. 家长方面

解决不了解、不支持问题，采取了建立有效沟通渠道，定期举办家长会、家访、家长一对一约谈、离园十分钟育儿宣讲等，让家长了解幼儿园的教育理念和工作做法。创建家长参与的机会，邀请家长进课堂、家伙委会参与幼儿园决策，增强家长的参与感。当家长感受到幼儿园的教育工作真正有利于孩子的成长时，他们会更愿意支持幼儿园的工作。

解决家长"知道"育儿知识但是做不到的问题，为家长开展专业培训，通过各级各类家长会、线上线下体验式的家长学堂，学习教育理念和育儿知识，每周一份家庭育儿实践作业，每月一亲子主题活动和开放活动，让家长在实践中练习，做到科学育儿。

3. 教师方面

针对教师专业能力和与家长沟通能力弱的解决方法，采取统一组织，统一策划，统一培训的措施，以演练式培训、体验式研讨、实时监督及评比观摩等措施促进教师在专业上的提升。

针对教师家庭教育指导不到位的问题，采取教师既参加幼儿园开设的家长学堂同步参与学习，又作为指导教师给家长开设育儿专题讲座、育儿沙龙、亲师阅读会、组织亲子主题活动等方法，实现教学相长打造教师专业形象，从而实现提升教师指导家长科学育儿能力。

4. 社区方面

针对社区参与活动少的问题，首先，实地了解社区居民的顾虑和需求，针对性地组织周末主题义工活动，提高他们的参与意愿。其次，建立激励机制，评选优秀家长、优秀宣传员。最后，寻求政府的支持，与妇联合作，组织社区活动，提供资金支持，促进社区参与活动的积极性。

三、主要内容与成果

立足于幼儿、教师、家长的一体化发展，形成了全方位立体化的家园共育模式，将多个活动案例集结成册，可以有效指导园所开展家园共育工作。

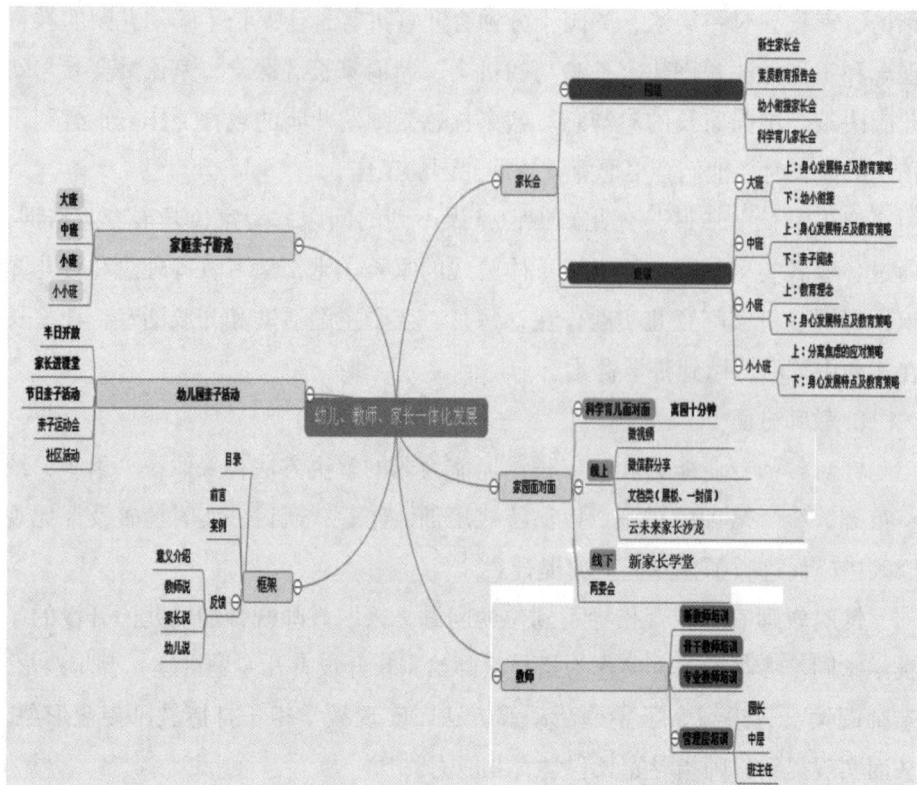

（一）构建多层次的家园合作模式，实现从显性到隐形共育模式的扩大

全方位是指家长工作不仅仅是开几次家长会那么简单的，需要通盘考虑幼儿园方方面面的工作，在不同时期、不同阶段、采取不同的方式方法来促进家园共育工作的开展。

立体化是指家园共育工作，不只是为了指导家长提升教育能力，而是要着眼于幼儿的终身发展与成长、教师的专业与心性提升，从而实现幼儿、教师、家长的一体化发展。

1. 显性家园共育模式

（1）常规家园共育方式：早晚沟通、家园共育栏、家园联系册以及网络沟通等方式。

（2）引领科学育儿知识的各种家长会

家长会是幼儿园经常采用的一种家长工作的方式，为了提升教师的专业能力，我们研发了体验式家长会教练课程，对教师如何召开家长会，从个人的形象到言谈举止再到具体的家长会内容、体验式主题活动的设计等都进行了科学全面的设计，能够有效帮助教师提升召开家长会的效果。通过全体家长会解析《3-6岁幼儿学习与发展指南》及集团理念的落实情况等；每学期开班级家长会介绍孩子的特点、共性及个性问题、进步、班级教育目标及措施等，让家长及时全面地了解幼儿园本学期达成的目标和需要配合的工作。

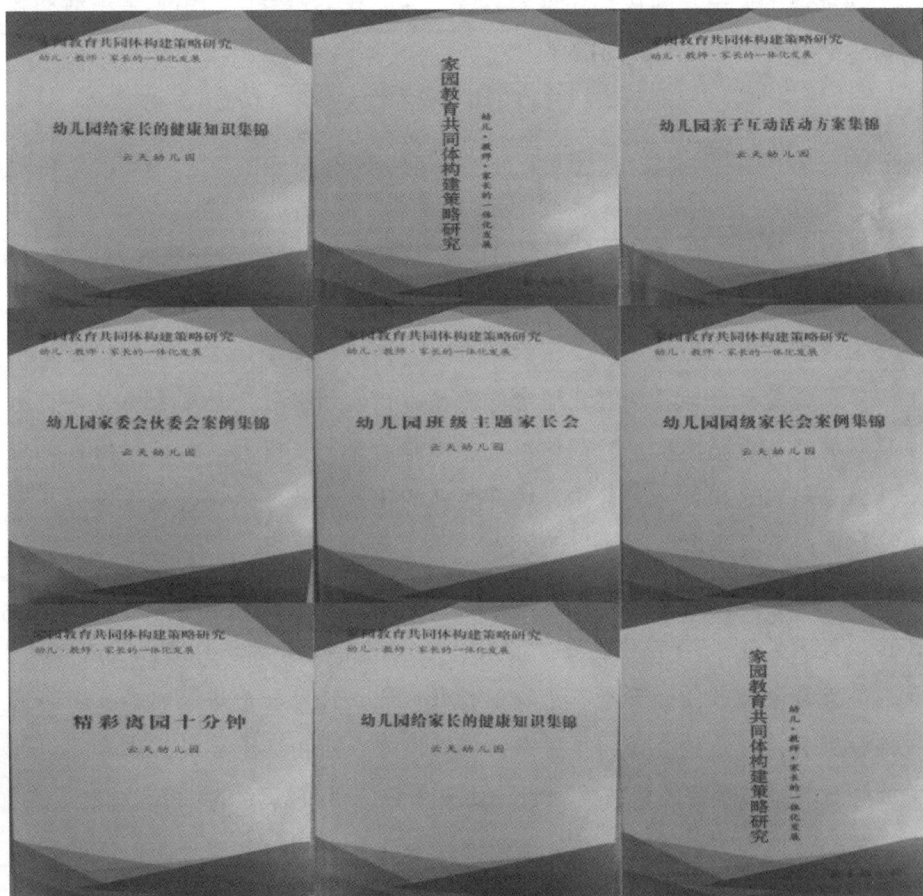

2.隐性家园共育模式

隐性家园共育模式，是显性家园共育模式的有效补充。这种模式表面上看是让家长来参与活动，实际上是让家长通过看现场活动，了解到更多的科学育儿知识。主要形式有：半日开放活动、亲子活动、离园十分钟分享等。

半日开放活动是将家长请到幼儿园，走进幼儿所在的班级，向家长展现幼儿在园生活、学习、游戏等状态的一种定期（或不定期）的开放活动。是面向家长全面、直观地展示幼儿在园发展变化的一种重要方式。家长不是来做看客，而是带着任务而来，老师事先指导家长如何观察孩子的行为，以及行为背后蕴含哪些教育契机，更有针对性地进行家庭教育。

亲子活动是指利用节日教育契机或者园庆等机会，将家长请进幼儿园，和孩子一起参与的活动。比如亲子运动会、给妈妈过三八节、母亲节等。有利于促进亲子关系，间接指导家庭教育。为此我们也专门制定了亲子活动案例集，给予老师不同层面的指导。

离园十分钟分享

离园十分钟的分享，是在离园前家长陆续进入幼儿园等待接幼儿的时间，由专门负责人或者教师轮流给家长分享的科学育儿知识。离园十分钟分享是天天坚持进行的，充分利用了家长等待的时间，虽然不能面向全体，但是年复一年、日复一日地科学育儿理念的传递，也能够在一定程度上引领家长树立科学的教育观。不仅仅可以让家长在等待的时间里听到一些科学的育儿观念，还可以在这样的十分钟里，提升教师的语言表达能力以及演讲能力，为更好地做好家园共育提供有力的支持。

这十分钟我们都干什么？人家说没有家庭教育的教育，就是缺了大半壁江山。天天开家长会有可能吗？但家长每天要来接孩子。他接孩子的时候，我们是五点半接孩子，五点二十我们打开大门，让家长先进来。那早来的这一部分家长，一是检查他的接送卡，二是进来以后由园务会成员或者是由优秀的骨干教师，给家长讲育儿知识、安全知识，讲家园共育的内容。有人说，哎，你们幼儿园家长支持工作。为什么支持工作？因为知道得多，你就得天天讲。班级有一些比较精彩的节目，也可以在这十分钟里边进行展示，这是很好的一个宣传也是给孩子一个锻炼的平台，还让家长也了解了自己的孩子在幼儿园里做什么。这一点还是比较实用的，因为你开家长会一学期开一次两次，但是这个可以坚持去做。

离园十分钟主要内容板块：

绘本故事：

选取经典绘本故事和家长分享，小故事大哲理，通过绘声绘色讲故事，向家长宣传科学育儿理念，该内容内涵丰富，形式生动活泼，深受家长欢迎。

科学育儿为您支招：

分享人结合幼儿实际向家长普及科学育儿知识，让家长学会科学育儿的方法。家园联手，帮助幼儿养成良好的生活和学习习惯。

家庭教育成功案例分享：

借鉴名人成功案例，现身说法，让家长明确家庭教育的重要性，重视家庭教育，和孩子一起成长。

特色教育理念普及：

由分享人就各种专业教育向家长传播正确理念，让家长明白幼儿快乐成长的意义，明确艺术教育对幼儿成长的价值，但必须建立在幼儿兴趣的基础上，呵护幼儿艺术的萌芽，让孩子享有丰富多彩幸福的童年。

优势：

离园分享是家园联系的一个窗口，是幼儿园家园共育活动的一个有机组成部分。随着大家分享经验的丰富，幼儿园不断拓宽离园分享的渠道，丰富离园分享的内容和形式，把离园分享活动打造成云天幼儿园家园共育工作的一张名片，让更多的孩子、家长及家庭受益。

经验与不足：

经过了五年的积累，离园分享已经成为云天幼儿园一道亮丽的风景，赢得了家长良好的口碑。但因为家长都是站着听，场地又有限，时间又短，家长陆陆续续参加，晚来的家长站在外围听不清楚，影响分享效果。我们又增加了同步线上直播，来提升分享的质量，以期进一步达成家园共育的效果。

对于以上家园共育模式，也都是需要提前做好准备的。就拿半日开放为例。需要教师提前准备开放的内容，如果是以展示教育活动为主，那么就要提前进行教育活动的观评，组织园内的老师进行相互的听评课，让教师所展示的教育活动更加符合幼儿的发展水平，更能吸引每个幼儿的兴趣；让家长看到孩子在课堂上的表现，了解教师的教育教学方法，从而更加了解孩子发展的规律和特点，以达到更好的促进幼儿发展的目的。通过这样的前期准备，可以有效地提高教师的课堂驾驭能力，较好地呈现给幼儿和家长，就能够有效地促进三方的发展。

（二）制定了成体系的家园共育措施、手册及方案，实现了从关注全体到关注个体的质的提升。

前面介绍到的这些形式，基本上都是着眼于全体家长的。但是在实际工作中，我们知道，家长的需求是不一样的。不同的群体对幼儿教育的作用也不一样，因此幼儿园要有针对性地开展一些活动，促进不同群体对幼儿教育作用的提升。针对不同群体，我们主要的家园共育形式有家委会伙委会、家长进课堂、爸爸沙龙、节日亲子活动、一对一家长约谈等。

1. 基于幼儿园、社区以及家庭全方位互动的亲子活动

亲子互动活动可以有效地促进亲子之间的情感体验，充分利用幼儿园和社区的资源，可以有效提高互动的效果。比如在父亲节，我们组织孩子乘坐大巴车，到爸爸的单位为爸爸送上孩子和妈妈一起准备的礼物和节日的祝福。孩子们的突然到来和对爸爸爱的真诚表达，感动了每一位爸爸，让孩子学会爱、表达爱，增进亲子之间的感情，对于提升家庭的幸福指数也有很大的帮助。在"我的六一我做主"购物活动中，小朋友做了购物计划，和家长沟通好后每人带 30 元钱去超市购物买礼物。过程中自己计算买了多少钱东西，还能买什么，花超了，把东西又放回去，懂得取舍。有的小朋友买了糖，说是因为妈妈喝中药太苦了。这个活动培养了孩子的社交能力、独立性、数学技能、健康意识、比较选择、感恩包容等能力。还可以充分利用家庭和社区的资源，让孩子在真实的场景中，真实的体验中获得多方面能力的发展。

2. 家委会伙委会重团队建设

家长委员会和伙食委员会作为家长代表的一个具体化的组织，对幼儿园的管理具有宣传和监督作用，同样需要进行引领和团队的建设。伙委会家长代表不定期走进幼儿园的食堂，查看各种食材，观摩食堂师傅的烹饪流程，品尝各种餐点，对食堂管理和厨师的厨艺提出建议。家委会代表走进课堂，参与幼儿园组织的听评课，在和老师们的讨论交流中了解教育理念和落实素质教育的途径。两委会的活动中还经常会有一些团建游戏，加深家长之间的沟通交流，让两委会真正成为参与幼儿园管理的一分子，最大化地发挥团队

的作用。

从家长的反馈中，我们可以看到家长在思想观念上的转变，对孩子发展的重新认识，对幼儿园教育理念的认可以及支持，更是看到了家长的成长和变化。

家委会伙委会案例

伙委会家长代表不定期地走进幼儿园的食堂，查看各种食材，观摩食堂师傅的烹饪流程，品尝各种餐点，对食堂管理和厨师的厨艺提出建议。

家委会代表走进课堂，参与幼儿园组织的听评课，在和老师们的讨论交流中了解教育理念和落实素质教育的途径。

两委会的活动中还经常会有一些团建游戏，加深家长之间的沟通交流，让两委会真正成为参与幼儿园管理的一分子，最大化地发挥团队的作用。

第三届家委会，园长讲解园所管理和学期计划。班级老师进行了保育技能大比拼，家委会成员作为评委，看到了老师们娴熟的保育技能和细致的保育工作流程，对老师的工作有了更加深入的了解，也对幼儿园精细的管理有了具体的了解和认可。

第四届家委会，《心有千千结》的团队打造，让家长代表体会家园沟通的重要性。优质课展示，让家长对我们的教育理念有了更加直观具体的印象。观摩班级幼儿的午餐流程，让家长对保育工作更加熟悉和放心。

第五届家委会，搭建梦想的团建活动，家长们积极参与，密切配合，在规定的时间里，三个团队都搭建出了具有特色的建筑物。在大家的分享中，或提到团队合作的重要性，或提到搭建过程的快乐，或提到孩子的教育上……最重要的是，通过本游戏大家都体会到了家园合作的重要性。陈园长通过图文并茂的形式将云天园如何用"爱文化"来打造"大气、专业、温馨、内涵"的云天园，以及如何让云天幼儿园长期以来始终保持在社会上的良好声誉。讲解具体、全面，让家长朋友们对集团以及云天园的教育理念有了更深入的了解。

第六届家长委员会，陈霞园长以提问的形式和家长朋友们展开了对幼儿教育智慧的学习和分享，一个个反映教育智慧的小例子给家长们大启迪——

教育是一种生活，生活的幸福就在于用心。老师的一节音乐欣赏课给家长们展示了幼儿园音乐活动带给孩子们的快乐，在评课环节，教研室苏倩倩主任与家长朋友们积极互动，家长们对这种教学方式给予高度的认同和赞赏。

第七届家长委员会，通过视频短片"走进云天"和家长们一起回顾了幼儿园的发展历程，让大家感悟到了有爱、专业的教师团队、孩子们的热情开朗和坚定的家园同盟。通过观看程珂欣小朋友的外公送给老师的一首诗改编的视频《老师，你在哪里？》，使家长和老师的心紧紧连在一起，很多家长被老师们的细心、耐心、爱心感动地流下了信任和敬佩的泪水。通过《纸牌》团建，让大家明白了幼儿教育是一项系统工程，需要家庭和幼儿园的共同努力，家园共育最重要的就是家园有效沟通，家长和幼儿园要建立相互信任、相互尊重，相互支持的伙伴关系是幼儿教育成功的基础。

第八届家长委员会，园长用两个实例让家长在体验中感受如何培养孩子的"创新、创意和创造"能力。通过绘本故事《最奇妙的蛋》的学习过程，让家长知道幼儿园的学习不是简单的讲述，而是在引导启发中，培养孩子们的创造性和发散性思维能力。科学课《动物是怎样联络的》，家长们通过观摩这节教学活动，看到了老师是如何在教学活动中培养孩子们的观察力和独立思考能力的，也看到了在我们的教育理念影响下，孩子们的自信、积极、大方，思维活跃以及知识面宽、语言表达能力强等优秀的学习习惯和品质。

第九届家委会，"驿站传书"团队游戏，大家通过体验、分享明白了沟通和反馈的重要性。园长从"爱的环境文化、爱的管理文化、爱的专业研究、爱的辐射传播"四个方面向两委会成员们展开讲解了云天幼教的管理思路和方法，让各位家长对云天幼儿园有了更全面的了解，便于家园双方达成科学的育儿观和教育合力。苏倩倩主任和家委会成员一起了解了"十三五"课题《传统手工艺在幼儿美术教育中的实践与研究》在我园的实施进度，大家分成编织组、雕塑组、泥塑组、纸艺组四组体验了传统手工艺的魅力，参与我园"十三五"课题的研究。小组代表分享了传统手工工艺能够带给孩子的发展以及能够为课题研究做的支持。

小结：这八届的家委会，由浅入深，由表及里，都向家长传达了我们的教育理念、管理模式。从开始的教师保育技能到幼儿的流程展示，再到教育活动的展示，课题研究的汇报，逐步深入的了解，让家长不仅看到了表面，更是感受到了专业的不断深入。

不足之处在于每一届的内容设计上都是想尽可能多地让家长了解我们的管理和理念，如何形成内容系统性需要我们反思，在以后的活动内容设计上需要更多的考虑。

在多年的实践中，幼儿园收获了家长的信任和支持，大班幼儿的退园率也一直保持在几乎为零的状态。随着对幼小衔接的不断深入认识和了解，幼儿园将不断完善，注重幼儿学习品质，为幼儿终身学习打下良好的基础。

3. 巧妙利用家长资源，让家长走进课堂，丰富教育资源同时，促进家园沟通

在不同的节日或者时期，可以邀请家长走进课堂，比如医生爸爸、交警妈妈等，借用家长的资源，让孩子对职业以及这些家长带来的知识和游戏体验有更好的体验和感受。参与活动的家长，对孩子在园的活动和表现有了更加全面的了解和认识，同时也体会到了老师的辛苦和专业，从而产生对老师的信任的尊敬。

4. 面向个体家长开展一对一沟通，通过走进家庭社区的家访和请进幼儿园的约谈，解决家长的个性化需求

（1）走出去家访，老师到幼儿家中做客，为家长解答个性问题和需求，统一家庭教育观。

集体的家长会模式可以解决思想和理念的问题，但是对于家长的个性化需求无法满足。我们秉承"让爱更多一点"的核心理念，通过社区志愿者的方式，邀请教育工作者到幼儿家中做客，为家长解答家庭教育中的困惑、个性问题和需求。如幼儿园每学期组织的家访活动，可以更好地了解每个家庭以及孩子的具体情况，有针对性地普及科学育儿理念，面对面地和家长进行沟通交流，增强家长的信任度、熟悉度。达到统一全家教育思想的效果，避免了和妈妈说好了爸爸不理解，和家长说好了老人不理解的问题。一些家长感慨地说："老师的家访，给孩子带来了信任和支持，也带走了家长的焦虑和困惑。"

（2）请进来约谈，开展教师家长"一对一"约谈日，给成长建议方案，达成教育者同盟。

我们还开展了"教师——家长约谈日"，解决教师教育中观察幼儿的亮点激发、优势促进以及待提升解决的问题。根据每一个孩子的情况，老师对孩子的作品、游戏观察记录、在园表现、教育建议等进行充分的准备，与每一个家长定好时间，一对一约谈，一生一案解决孩子问题和制定因材施教的培养方案，教师有准备地解决孩子个性化问题，事半功倍达成教育者同盟。

（三）社区资源充分利用

开展体验式特色活动，在不同的环境和体验下，促进幼儿多元智能的发展。打通联动关，家园社相互促进，打造教育者同盟。

1. 园外探险，童行天下，成长独立，建立自信。

自然探索之旅，让孩子与自然联结，独自面对新环境的挑战，运用已有经验解决新问题，是对孩子独立性、自信心最好的检验和建立。在自然这所学校，随处都是课堂。在这里，我们都是初学者，一起探索、一起感受、一起成长、一起去发现未知，注重体验、打开五官、用心交流，这就是自然的魅力。家长们纷纷发朋友圈，为看到孩子的成长和幼儿园的做法摇旗呐喊！

2. 亲子研学，拓展视野，榜样力量，增进认知。

老师设定整体任务和目标，家长陪孩子一起制定出游计划。或野炊或团建游戏或种植劳动，在增进亲子感情的同时也激发了孩子的学习兴趣和好奇心，独立思考的能力，拓展了孩子的视野和认知能力。家长看到孩子的表现，可以在今后的教育中更有针对性。爸爸妈妈在活动中投入努力的样子，也为孩子们树立了最好的榜样。

（四）研发了多种家长学堂教案

为家长提供了全面、系统、实用的育儿知识和技能，培养专家型家长，帮助家长更好地参与到孩子的成长过程中。

前两个阶段的实践研究，基本上是从活动层面对家长有一定的引领，虽然尽量系统化，但依然停留在术的层面。在不同时期、不同阶段，告诉家长如何去做，一段时间后，有很多的家长表示自己知道了很多的育儿道理，但就是做不到。根据家长的反馈，我们意识到，真正要提高家长的教育能力，还需要在道的层面进行提升。我们开展了体验式的家长课堂，在这个过程中，老师和家长都参与，不仅提升锻炼了老师的素质和能力，家长也都收获了很多。幼儿园引领家长站在教育之上研究教育，在孩子的世界研究孩子，立足现象，挖掘规律，为家长建构从认识到实践的完整思维模式，让家长学会观察、学会思考，从根本上把握家庭教育问题，建立起正确解决家庭教育问题的思维模式。

1. 家长学堂每周一次，让家长从知道到做到

一学期开一次家长会，家长往往可能会忘记会议的内容、理念和要求，无法落实到行动中。而每周一次的家长学堂，现场学习，通过体验式的活动，让家长理解幼儿成长规律，了解敏感期的特点和支持策略，并在每周的行动中通过布置"作业"的形式去落实。如一周作业为和孩子一起约定"家庭公约"共同遵守，然后再上课反馈，形成习惯。通过家长学堂的学习，家长们对科学育儿有了更多的了解。

2. 家庭教育直播每周一次，让更多的家长了解科学育儿知识。

线下的家长学堂，能够受益的群体是热爱学习并且时间上能够做到每周一次在园学习 2 小时的家长，毕竟是少数。为了让更多的家长了解科学的家庭教育，掌握幼小衔接中孩子成长和发展规律，家长学堂增设每周一次 2 个小时的视频号、抖音号线上直播，为 0-6 岁家长提供育儿成长沙龙，也是每周一次交流和"作业"。这个内容倡导"爱孩子便如他所是，而非如我所愿""父母好好学习，孩子天天向上！"、达到从 0 岁开始"孩子未入园，家长先入学"。直播除了本园家长，还有社会上重视家庭教育的家长参与观看，教师和家长一起学习，达到了统一教育观念的良好效果。

经过实践和整理，我们形成了《云未来家长课堂》教案集。从中我们可以看出是如何引领家长建立家庭教育的概念以及思维模式的。

四、效果与反思

在十多年的研究与实践中，家园共育工作越来越系统化，产生的社会效益和教育效益也越来越明显，幼儿园作为省级示范园，一直保持在高品质发展的快车道上。从最开始家长的不了解，说我们幼儿园什么都好，就是"不学东西"，到现在，家长成为幼儿园的忠实粉丝，积极参与支持幼儿园活动，并为幼儿园的做法自发向社区社会去宣传推广，在多年的实践中，收获了家长的信任和支持。据不完全统计，庆云的中考状元有三届是我们的毕业生，2019 年庆云第一高级中学的前十名学生的表彰合照中，老师们惊喜地发现有五名是我们幼儿园的毕业生，2022 年，幼儿园第一批孩子高考，本科率达到85% 以上，第一批毕业的孩子回到幼儿园给老师汇报他们的好成绩，吃了当年在幼儿园最喜欢的饭菜，还在毕业典礼上给大班小朋友和家长讲述他们成长的故事。以优异成绩考入香港中文大学的马自展同学，把自己的 5000 元奖学金购买口罩送给学校，家长们纷纷称赞我们的教育是立德树人的教育。

虽然研究的成果获得了一些成绩，但是同时我们也看到，受各种因素的影响，系统专业的家长课堂还是无法走进更多的家庭，让更多的家长受益。幼儿园每年都会有新的家长加入，就需要我们持续不断地进行研究，不断的鼓励和激发家长走进家长课堂进行系统专业的学习，才能够真正地让家长课堂发挥更大的社会价值。

第四章　物——齐家：制度到位

在幼儿园管理中，"齐家"这一概念可以引申为构建一个和谐、有序且高效运转的教育环境，其中"制度到位"是实现这一目标的重要基石。制度到位意味着幼儿园拥有一套完善、科学且人性化的管理制度体系，这些制度不仅覆盖了教育教学、日常管理、后勤保障、家园共育等各个方面，还确保了每一项工作都有章可循、有据可依。

通过制度到位，幼儿园能够明确各岗位职责，规范教职工行为，提高工作效率和服务质量。同时，合理的奖惩机制也能激发教职工的积极性和创造性，促进团队凝聚力和向心力的形成。此外，制度到位还有助于营造公正、公平的工作氛围，保障每一位教职工和幼儿的合法权益，为幼儿园的可持续发展奠定坚实的基础。

因此，在幼儿园管理中，注重"制度到位"，我们建立了一套完善的规章制度，包括安全制度、卫生制度、教学制度、家长沟通制度等。这些制度旨在确保幼儿园的正常运行，同时也为教师和幼儿的行为提供指导和约束。我们强调制度的公正性和透明度，确保每个人都能够理解和遵守。在实践中不断完善和优化各项制度，确保其既符合教育法规和政策要求，又能够贴合幼儿园实际情况和师生需求，从而真正实现"齐家"的愿景——构建一个和谐、温馨、充满爱的教育家园。

第一节　管理流程的优化与再造

一、宏观调控制度链

在幼儿园管理中，"宏观调控制度链"作为支撑整个教育体系稳健运行的核心框架，其构建与实施不仅深刻影响着教育教学的质量与效率，还直接关系到幼儿园内部文化的塑造与团队凝聚力的形成。云天幼儿园拥有172项规章制度及63项详细工作流程，这一体系构成了云天幼儿园"宏观调控制度链"的具体内容与基石，确保了幼儿园良性、有序发展。

（一）宏观调控制度链的内涵

1. 系统性与全面性

在幼儿园管理的"宏观调控制度链"中，系统性与全面性是其不可或缺的核心特征，它们共同为幼儿园的高效、有序运作奠定了坚实的基础。172项规章制度覆盖了幼儿园运营的方方面面，从教学管理、卫生保健、安全保障到师资队伍建设、家园共育等，形成了一个系统而全面的制度体系。这种系统性确保了幼儿园各项工作的有序开展，避免了管理上的盲区和漏洞。

（1）系统性

系统性强调的是规章制度和工作流程之间的内在联系与逻辑结构，它们不是孤立存在的，而是相互依存、相互支持，共同构成一个完整的体系。这种系统性体现在以下几个方面：

①层次清晰

幼儿园的管理制度通常包括基本管理制度、专项管理制度以及操作层面的具体规定等多个层次。每个层次都有其特定的作用和目标，既相互独立又紧密相连，共同构成了一个完整的管理网络。

②协调一致

各项规章制度之间、工作流程之间以及它们与幼儿园的整体发展目标之间，都保持着高度的协调性和一致性。这种协调性确保了幼儿园各项工作的顺畅进行，避免了因制度冲突或流程不畅而导致的资源浪费和效率低下。

③动态调整

随着教育理念的更新、政策法规的变化以及幼儿园自身发展的需要，管理制度和工作流程也需要不断地进行修订和完善。这种动态调整的过程，正是系统性的一种体现，它确保了幼儿园管理制度的时效性和适应性。

（2）全面性

全面性则要求幼儿园的管理制度和工作流程必须覆盖到幼儿园运营的各

个方面和环节，不留死角和盲区。这种全面性具体表现在以下几个方面：

①内容全面

172项规章制度几乎涵盖了幼儿园管理的所有领域，从教育教学、安全管理、卫生保健到财务管理、后勤保障等，每一个方面都有相应的制度进行规范和约束。这种全面性确保了幼儿园管理的无缝隙覆盖，为教职工提供了全面的指导和支持。

②流程详尽

63项工作流程不仅明确了各项工作的具体步骤和操作方法，还规定了每个步骤的责任人和完成时限。这种详尽的流程设计，使得教职工在执行任务时能够有据可依、有章可循，提高了工作效率和质量。

③关注细节

除了宏观层面的制度设计和流程规划外，幼儿园的管理制度还注重对细节的关注。例如，在教学管理中，包括教案编写、课堂互动、作业批改等具体环节的规范要求；在安全管理中，涉及入园离园接送、食品安全检查、突发事件应急处理等细节问题的处理方案。这种对细节的关注，使得幼儿园的管理制度更加完善、更加贴近实际。

综上所述，系统性与全面性是幼儿园"宏观调控制度链"中不可或缺的两个重要方面。它们共同构成了幼儿园管理制度的坚实框架，为幼儿园的高效、有序运作提供了有力的保障。

2. 规范性与导向性

在幼儿园管理的"宏观调控制度链"中，规范性与导向性是两个至关重要的维度，对于确保幼儿园工作的有序进行与持续发展具有深远影响。每项规章制度都明确了教职员工应当遵循的行为标准和操作流程，为教职工提供了清晰的指导方向，不仅有助于规范教职工的教育行为，减少随意性和主观性，还能够在潜移默化中提升教师的专业素养和职业道德水平。

（1）规范性

规范性是幼儿园管理制度的核心特征之一，它指的是各项制度、规定和流程都必须具备明确、具体、可操作的标准和要求，以便教职工能够清晰地理解并执行。规范性在幼儿园管理中的作用主要体现在以下几个方面：

①统一标准

通过制定统一的规范和标准，幼儿园能够确保各项工作的执行质量和效果。无论是教育教学、安全管理还是日常运营，都有明确的规定和要求，避免了因个人理解差异而导致的执行偏差。

②减少随意性

规范性的存在，使得教职工在工作中必须遵循既定的程序和规则，减少了工作中的随意性和主观性。这不仅有助于提高工作效率，还能够保障幼儿园整体运作的稳定性和可预测性。

③强化责任

明确的规范要求使得每个教职工都清楚自己的职责和任务，从而增强了他们的责任感和使命感。在规范的约束下，教职工能够更加认真地履行职责，确保工作的高质量完成。

（2）导向性

导向性则是指幼儿园的管理制度应当具备明确的方向和目标，能够引导教职工朝着既定的方向努力，推动幼儿园的持续发展和进步。导向性在幼儿园管理中的作用主要体现在以下几个方面：

①明确目标

通过制定清晰的发展目标和战略规划，幼儿园能够引导教职工明确自己的奋斗方向和工作重点。这些目标和规划不仅为教职工提供了前进的动力，还能够帮助他们更好地规划自己的职业发展。

②激励创新

导向性不仅要求教职工遵循既定的规范和流程，还鼓励他们在遵循规范的基础上进行创新尝试。这种创新尝试不仅能够提高工作效率和质量，还能够为幼儿园带来新的发展机遇和增长点。

③文化传承

导向性还体现在幼儿园文化的传承和弘扬上。通过制定符合幼儿园特色和文化底蕴的管理制度，幼儿园能够引导教职工认同并践行幼儿园的价值观和精神追求。这种文化传承不仅有助于增强教职工的归属感和凝聚力，还能够为幼儿园的长远发展奠定坚实的文化基础。

综上所述，规范性与导向性是幼儿园"宏观调控制度链"中不可或缺的两个重要方面。它们相互补充、相互促进，共同为幼儿园的高效、有序运作和持续发展提供了有力的保障和支持。

3. 相互信任与鞭策的工作氛围

通过明确的规章制度和流程，幼儿园营造了一个公平、公正的工作环境。教职工在遵守规则的同时，也相互监督、相互支持，形成了良好的团队协作氛围。这种氛围有助于激发教职工的工作热情和创造力，促进幼儿园整体教育质量的提升。

（1）相互信任：构建稳固的合作基石

在宏观调控制度链中，相互信任是跨越不同部门、层级及利益群体之间障碍的重要桥梁。这种信任不仅仅是基于表面上的和谐，更是深植于对彼此专业能力、诚信度及共同目标的深刻认同之中。

①强化信息共享

建立高效的信息共享平台，确保政策制定、执行及评估过程中的关键信息能够及时、准确地传递给所有相关方。这有助于减少误解和猜疑，增强彼此间的透明度和信任感。

②培养共同愿景

通过定期的沟通、研讨和培训活动，引导所有参与者深入理解宏观调控制度链的总体目标、战略规划和具体措施。这种共同愿景的塑造有助于形成统一的行动方向和一致的价值观，进而促进相互之间的信任与合作。

③建立信任修复机制

面对可能出现的信任危机或误解，应迅速启动信任修复机制，通过坦诚的沟通、公正的调查和及时的补救措施来恢复信任。这有助于维护制度链的稳定性和可持续性。

（2）鞭策与激励：激发内在动力与创造力

在营造相互信任的同时，鞭策与激励也是不可或缺的。它们通过外在的压力和内在的驱动力相结合的方式，激发参与者的积极性和创造力，推动制度链的高效运转。

①明确责任与考核

为每个参与者设定清晰、可量化的责任目标和考核指标。通过定期的绩效考核和结果反馈，及时发现并纠正执行中的偏差和不足。这种责任与考核机制有助于确保政策的有效执行和目标的顺利实现。

②实施奖惩措施

根据绩效考核结果，对表现优秀的参与者给予表彰和奖励，以资鼓励；对表现不佳的则采取相应的惩罚措施，以示警诫。这种奖惩分明的机制能够激发参与者的积极性和责任感，推动他们不断追求卓越。

③鼓励创新与试错

在宏观调控制度链中，创新是推动发展的重要动力。因此，应鼓励参与者积极探索新的政策工具、方法和路径，同时为他们提供必要的试错空间和容错机制。这种创新与试错的氛围有助于激发参与者的创造力和想象力，推动制度链的不断优化和完善。

综上所述，营造"相互信任与鞭策的工作氛围"是宏观调控制度链高效运转的重要保障。通过强化信息共享、培养共同愿景、建立信任修复机制以及明确责任与考核、实施奖惩措施和鼓励创新与试错等措施的有机结合，可以构建出一个既充满信任又富有活力的制度链环境，为实现经济社会的稳定与发展提供有力支撑。

（二）宏观调控制度链的实施策略

1. 制度宣传与培训

制度宣传与培训在幼儿园管理中占据着举足轻重的地位，它不仅是保障幼儿园日常工作有序进行的基础，也是提升教职工专业素养、强化团队协作意识的关键环节。为了确保每一位教职工都能深刻理解并有效执行幼儿园的规章制度及工作流程，幼儿园应当构建一套全面、系统且持续性的宣传与培训体系。幼儿园应定期组织教职工学习规章制度和工作流程，确保每位教职工都能准确理解并掌握相关内容。同时，通过案例分析、模拟演练等方式，加深教职工对制度的理解和认同。

（1）制度宣传的深化

首先，幼儿园应充分利用各种渠道进行制度宣传，包括但不限于公告栏、内部通讯、微信群、电子邮件等，确保信息覆盖全面，传达及时。在宣传内容上，既要注重规章制度的完整呈现，又要突出其重要性和必要性，让教职工充分认识到遵守制度对于幼儿园整体发展和个人职业生涯的重要性。此外，还可以结合幼儿园的实际情况，设计生动有趣的宣传海报、动画或短视频，使制度宣传更加贴近教职工的日常生活，强化宣传效果。

（2）培训体系的完善

①定期培训与考核

幼儿园应定期组织教职工参加规章制度和工作流程的培训课程，确保每位教职工都能获得最新、最准确的信息。培训过程中，可以采用讲授、讨论、问答等多种形式，增强互动性和参与感。培训结束后，进行必要的考核，以检验学习成果，确保教职工真正掌握所学内容。

②案例分析与模拟演练

为了提高教职工对制度的理解和认同，幼儿园可以引入案例分析和模拟演练的教学方法。通过选取实际工作中发生的典型案例，引导教职工分析其中的问题、原因及解决方案，加深对制度条文的理解和应用能力。同时，开展模拟演练活动，如应急疏散演练、食品安全事故处理等，让教职工在模拟情境中亲身体验制度执行的过程和效果，进一步提升其实战能力。

③反馈与改进

制度宣传与培训并非一蹴而就的工作，而是一个持续改进的过程。因此，幼儿园应建立反馈机制，鼓励教职工提出意见和建议。对于合理的建议，应及时采纳并调整培训内容和方式；对于不足之处，则应深入分析原因并制定改进措施，确保制度宣传与培训工作能够不断优化和完善。

综上所述，幼儿园应高度重视制度宣传与培训工作，通过多元化的宣传方式、系统性的培训体系以及有效的反馈机制，不断提升教职工的制度意识和执行能力，为幼儿园的可持续发展奠定坚实的基础。

2. 监督与反馈机制

监督与反馈机制是确保幼儿园管理效能、促进教职工规范操作与持续改进的核心环节。建立健全的监督与反馈机制，定期对教职工执行规章制度和工作流程的情况进行检查和评估。对于发现的问题，及时给予指导和纠正，并鼓励教职工提出改进建议，不断完善制度链。

（1）监督机制的构建

①明确监督职责

首先，幼儿园应明确各级管理人员的监督职责，确保每位管理者都清楚自己的监督范围、内容以及标准。通过建立责任清单和问责制度，强化管理人员的监督意识，推动其积极履行监督职责。

②多元化监督方式

监督不应仅限于单一的形式，而应结合实地检查、抽查、暗访、问卷调查等多种方式，实现对教职工执行规章制度和工作流程的全面覆盖和有效监督。同时，利用现代信息技术手段，如监控系统、数据分析平台等，提高监督的精准度和效率。

③定期与不定期检查相结合

为了确保监督的连续性和有效性，幼儿园应制定定期检查计划，如每月、每季度或每年进行一次全面的检查。同时，也要根据实际情况开展不定期的突击检查，以应对可能出现的违规行为或管理漏洞。

（2）反馈机制的完善

①建立快速反馈渠道

幼儿园应设立专门的反馈渠道，如意见箱、热线电话、电子邮箱等，确保教职工能够便捷地提出自己的意见和建议。同时，指定专人负责处理反馈信息，确保问题得到及时响应和解决。

②问题整改与跟踪

对于通过监督发现的问题，幼儿园应建立问题台账，明确整改责任人、整改措施和整改时限。在整改过程中，要进行跟踪督导，确保问题得到彻底解决。整改完成后，要进行验收评估，确保整改效果达到预期目标。

③激励与问责机制

为了激发教职工参与监督与反馈的积极性，幼儿园可以建立激励机制，对提出有价值建议或积极整改问题的教职工给予表彰奖励。同时，对于违反规章制度、工作不力的教职工，也要依据相关规定进行问责处理，以儆效尤。

④持续改进与制度优化

反馈机制的最终目的是促进制度的不断完善和优化。因此，幼儿园应鼓励教职工积极参与制度修订过程，提出自己的见解和建议。同时，结合实践经验和监督反馈结果，定期评估现有制度的合理性和有效性，对不适应实际情况的条款进行修订或废止，确保制度链的持续优化和升级。

3. 激励机制

激励机制在提升教职工遵守规章制度和工作流程的积极性与主动性方面扮演着至关重要的角色。将教职工遵守规章制度和工作流程的情况与绩效考核、评优评先等激励机制相结合，激发教职工遵守规章制度的积极性和主动性。同时，对于表现突出的教职工给予表彰和奖励，树立榜样力量。

（1）激励机制的多元化设计

①绩效考核挂钩

首先，幼儿园应将教职工遵守规章制度和工作流程的情况纳入绩效考核体系，作为评价教职工工作表现的重要指标之一。通过设立具体的考核指标和评分标准，如出勤率、任务完成质量、规章制度执行情况等，使教职工明确自己的工作目标和努力方向。绩效考核结果不仅影响教职工的薪资水平，还与其职业发展、晋升机会等紧密相关，从而激励教职工自觉遵守规章制度，提升工作效率。

②评优评先激励

除了绩效考核外，幼儿园还可以设立评优评先活动，如"优秀教职工""模范教师"等评选项目。这些评选活动应充分考虑教职工在遵守规章制度、完成工作任务、创新教学方法等方面的表现。对于表现突出的教职工，幼儿园应给予表彰和奖励，如颁发荣誉证书、奖金、晋升机会等，以此树立榜样力量，激发全体教职工的积极性和进取心。

（2）激励机制的个性化与差异化

①了解教职工需求

为了使激励机制更加有效，幼儿园需要深入了解教职工的需求和期望。通过定期与教职工沟通、问卷调查等方式，了解他们在职业发展、薪酬福利、工作环境等方面的需求和关切。根据教职工的不同需求和特点，制定个性化的激励方案，以满足他们的个性化需求。

②差异化激励措施

在激励机制的实施过程中，幼儿园应注重差异化激励措施的应用。对于不同年龄、性别、职称、岗位等教职工群体，采取不同的激励手段和方法。例如，对于年轻教职工，可以提供更多的培训和学习机会，帮助他们提升专业能力和职业素养；对于资深教职工，则可以给予更多的荣誉和尊重，以肯定他们的贡献和经验。

（3）激励机制的持续优化与创新

①反馈与调整

激励机制并非一成不变，而是需要根据实际情况进行持续优化和调整。幼儿园应建立有效的反馈机制，及时了解教职工对激励机制的满意度和建议。根据反馈结果，对激励机制进行调整和优化，以确保其持续有效和符合教职工的实际需求。

②创新激励方式

随着时代的发展和教职工需求的变化，幼儿园需要不断创新激励方式。例如，可以引入竞争机制，通过组织教学竞赛、技能比武等活动，激发教职工的斗志和创造力；还可以探索股权激励、员工持股等新型激励方式，将教职工的利益与幼儿园的发展紧密联系在一起，形成利益共同体和命运共同体。通过这些创新措施，不断提升激励机制的吸引力和实效性。

4.家园共育

为了促进幼儿全面发展，幼儿园应积极主动地加强与家庭之间的沟通与合作，让家长不仅成为孩子成长的见证者，更是参与者与合作者。加强家园沟通与合作，让家长了解幼儿园的规章制度和工作流程，共同参与孩子的教育过程。通过家长会、家长开放日等活动，增强家长对幼儿园的信任和支持，形成家校共育的良好局面。

首先，幼儿园需确保家长充分了解幼儿园的规章制度和工作流程。这不仅是保障幼儿园正常运作的需要，也是增强家长信任感、促进家校合作的基础。通过印发家长手册、举办入园说明会等形式，向家长详细介绍幼儿园的办园理念、教育目标、一日生活安排、安全管理措施等内容，帮助家长建立对幼儿园的全面认识。

其次，幼儿园应定期组织家长会、家长开放日等活动，为家长提供深入了解孩子在园情况、直接参与教育过程的机会。家长会上，教师可向家长汇报班级工作，分享孩子在园的学习与生活点滴，同时听取家长的意见和建议，共同探讨孩子的成长策略。家长开放日则让家长亲身体验孩子在园的一日生活，观察教师的教学活动，感受幼儿园的教育氛围，从而更加理解和支持幼儿园的工作。

此外，幼儿园还应利用现代信息技术手段，如建立家园联系群、开发线上家园互动平台等，实现家园沟通的即时性和便捷性。通过这些平台，教师可以及时向家长反馈孩子在园的表现和进步，家长也可以随时向教师咨询育儿问题，分享家庭教育的经验和心得。这种双向、互动的沟通方式，有助于加深家园之间的了解和信任，促进家园共育的深入开展。

最终，通过家园双方的共同努力和持续合作，我们将能够形成家校共育的良好局面。在这种局面下，幼儿园和家庭不再是孤立的两个教育主体，而是紧密相连、相互支持的教育共同体。我们将共同为孩子的健康成长和全面发展提供有力保障，让他们在爱的阳光下茁壮成长。

综上所述，"宏观调控制度链"在幼儿园管理中发挥着至关重要的作用。通过构建系统、全面、规范且具有导向性的制度体系，并辅以有效的实施策略，幼儿园能够营造出相互信任与相互鞭策的工作氛围，为幼儿的健康成长和全面发展提供坚实的保障。

第二节　地毯式三化管理

为了保证管理的方向明、目标清、效率高，我园实行集团统一管理下的"三化"管理，即目标化管理、流程化操作和标准化实施。

一、目标化管理：构建全局视野下的战略执行体系

在集团发展的宏伟蓝图中，目标化管理作为统揽全局的核心策略，确保了集团战略的精准落地、方针政策的坚实引领以及月度主题的精准实施，整个过程无丝毫偏差。这一管理体系不仅保障了幼儿园从顶层设计理念到基层教育实践的一致性与连贯性，还赋予了各级单位及个体根据自身实际情况进行自主探索与创新的广阔空间。通过灵活而严谨的目标设定与分解，我们既保证了集团整体发展的方向性与稳定性，又激发了团队内部的活力与创造力。

在具体实施过程中，目标化管理遵循着严格的层级传递与反馈机制。每月初，园长室根据集团战略规划与当前发展实际，制定并发布本月核心目标，

这些目标经过精心设计与细化，确保了其既具有挑战性又具备可实现性。随后，这些目标通过部室、级部直至班级层层分解与落实，每一层级都承担着相应的责任与使命，确保了每一个细节都有人负责，每一项任务都能得到有力执行。

在这一过程中，全体教职员工被充分调动起来，他们各司其职、各尽其能，围绕共同的目标携手并进。无论是教学一线的教师，还是后勤保障的工作人员，都成为推动目标达成的重要力量。各部门之间通过紧密协作与信息共享，形成了强大的工作合力，有效推动了本月目标的顺利实现。

一个月的工作周期结束时，同样要注重总结与反馈。班主任首先组织班级内部进行自我评估与反思，总结经验教训；随后，这些总结与反馈逐级向上传递至组长、主任直至园长手中。通过这种自下而上的总结方式，能够全面而深入地了解每一项工作的执行情况、发现存在的问题与不足，并为下一步的工作提供宝贵的参考与指导。这种双向互动的目标化管理机制，不仅保证了幼儿园工作的有效实施与持续改进，还为集团的长期发展奠定了坚实的基础。目标化管理统揽全局，使集团战略落实、方针引领、主题实施不走样，确保幼儿园自上而下的理念、行为与教育效果的统一。同时又给予我们根据自身实际以自主与创新的空间。通过各部门对月主题目标的层层落实，使全体教职员工各司其职、各尽其能，推进本月目标的达成。每个月的目标化管理，从园长室到部室到级部到班级层层落实目标化管理。然后到总结的时候，再从班主任到组长，到主任，到园长，自上，计划是自上而下的，总结是自下而上的，确保我们工作的顺利实施。

二、流程化操作让行为有依据。

（一）流程化操作的定义与重要性

流程化操作是指将幼儿园的各项工作按照既定的流程进行规范化、标准化和系统化的管理。这种管理模式的重要性在于：

1. 提高工作效率

通过明确的流程和责任人，避免了工作中的混乱和重复劳动，提高了工作效率。

2. 保证工作质量

标准化的操作流程有助于确保每项工作都达到既定的质量标准。

3. 降低管理成本

流程化操作减少了不必要的资源浪费和人力投入，降低了管理成本。

4. 提升幼儿园形象

有序、规范的管理流程有助于提升幼儿园的整体形象和声誉。

二、流程化操作的具体内容

在幼儿园管理中，流程化操作涉及多个方面，包括但不限于以下几个方面：

（一）安全管理流程

安全巡查流程：规定每天安全巡查的时间和范围，明确巡查的责任人，并要求对巡查结果进行记录和整改。

突发事件处理流程：制定突发事件处理预案，明确各种突发事件的处理流程和责任人，确保在发生突发事件时可以迅速、有效地做出反应。

（二）教育教学流程

教师一日工作标准化流程：包括入园、晨检、晨间活动、教育活动、自选活动、户外活动、午餐与餐后散步、午睡、起床、午点与教学游戏活动等环节，每个环节都有明确的工作标准和责任人。

保育员一日工作标准化流程：涵盖入园准备、晨间活动、教育活动与自选活动、户外活动、午餐与午睡等环节，确保保育工作的细致入微。

（三）行政管理流程

计划制定与执行流程：设计一个切实可行的年、月、周工作计划，包括目标和完成此项工作的责任人。通过公示计划、日检记录、回顾评估等步骤，确保计划的顺利执行和持续改进。

家园沟通流程：建立家园联系制度，定期召开家长会，通过家访、电话沟通等方式，加强与家长的沟通和联系，共同关注孩子的成长。

三、流程化操作的实施步骤

1. **设计流程**：根据幼儿园的实际情况和管理需求，设计合理的工作流程。

2. **明确责任**：为每个环节指定明确的责任人，确保工作的有效落实。

3. **培训员工**：对员工进行流程化操作的培训，提高员工的执行力和操作水平。

4. **执行与监督**：按照流程执行各项工作，并加强监督和检查，确保流程的有效执行。

5. **持续改进**：根据执行过程中的问题和反馈，不断优化和调整流程，提高管理的科学性和有效性。

四、流程化操作的注意事项

1. **注重细节**：流程化操作要求注重细节，确保每个环节都符合规范要求。

2. **加强沟通**：加强与员工、家长等各方面的沟通，确保信息的畅通和共享。

3. **灵活调整**：根据实际情况和管理需求的变化，灵活调整和优化流程。

4. **持续改进**：保持对流程化操作的持续优化和改进，确保管理的不断进步和发展。

在一日生活中，每一个环节的组织都是流程化的，这让每个老师的行为有了制度方面的依据。比如说我们的进餐工作流程。从餐前准备到搬椅子，到洗手，到餐前教育，整个流程都是有依据的。让老师的行为有依据，比如说擦桌子餐前准备，先要配比好消毒液，然后怎么擦桌子，一字形擦再回字形擦。然后怎么摆餐具，盛饭孩子搬椅子先搬椅子后洗手，然后给孩子餐前教育，介绍食谱，观察进餐。漱口都是有流程的。不敢说一定好到哪去，但是一定差不到哪里去。

幼儿园管理中的流程化操作是一种高效、有序的管理模式，它通过明确的工作流程、责任人和执行标准，确保幼儿园各项工作的顺利进行。幼儿园管理中的流程化操作细则：

幼儿园进餐工作流程是一个细致且系统化的过程，旨在确保幼儿在安全、卫生、有序的环境中享受用餐时光。以下是一个典型的幼儿园进餐工作流程概述：

一、餐前准备阶段

1. 幼儿准备：

——教师带领幼儿有序如厕、洗手，采用6步洗手法，确保手部清洁。

——提醒幼儿饭前不做剧烈活动，保持情绪稳定。

——根据需要，幼儿可自取餐垫并摆放好。

2. 教师与保育员准备：

——保育员提前对餐桌进行清洁和消毒，确保桌面无污渍、细菌。

——教师核对幼儿对当餐食物的过敏情况，并做出相应处理。

——保育员到厨房备餐间取餐，注意餐具和食物的卫生安全。

3. 环境准备：

——播放轻音乐，营造轻松愉快的进餐氛围。

——向幼儿介绍午餐名称及营养成分，激发幼儿食欲。

二、进餐过程

1. 分发餐具与食物：

——保育员将餐具分发到每张餐桌，带班教师协助幼儿取用。

——保育员将饭菜分好，教师组织值日生将饭菜分发到各组或幼儿手中。

2. 指导幼儿进餐：

——教师示范正确的进餐姿势和用餐礼仪，如一手扶碗、一手拿勺，闭嘴咀嚼等。

——巡视幼儿进餐情况，指导幼儿一口饭一口菜，不挑食、不掉饭粒。

——鼓励幼儿细嚼慢咽，不催促幼儿用餐。

3. 特殊关注：

——对过敏幼儿进行特别关注，确保不接触过敏源。

——照顾进餐慢或身体不适的幼儿，给予必要的帮助和关爱。

三、餐后整理

1. 幼儿自我整理：

——引导幼儿将碗、盘、勺等餐具放到指定的器皿里。

——用纸巾擦嘴，并将用过的纸巾扔到垃圾桶里。

——有序漱口或刷牙（根据幼儿年龄），保持口腔清洁。

2. 教师与保育员整理：

——教师组织幼儿进行餐后活动，如散步、游戏等。

——保育员清理餐桌，回收餐具，并进行清洗和消毒。

——打扫教室卫生，保持环境整洁。

四、注意事项

——在整个进餐过程中，教师应保持耐心和细心，关注每个幼儿的用餐情况。

——确保食物的温度适中，避免烫伤幼儿。

——餐具和食物应确保卫生安全，避免交叉感染。

——鼓励幼儿养成良好的用餐习惯，如细嚼慢咽、不挑食等。

通过以上流程的实施，可以有效提升幼儿园进餐工作的质量和效率，为幼儿提供一个安全、卫生、有序的用餐环境。

三、标准化让行为有规范

幼儿园标准化管理，作为一种高效、有序的管理模式，其核心在于通过制定一系列科学、合理、可操作的标准，为教职员工在日常教育教学、行政管理、幼儿照护等各个环节中的行为提供明确的指导和规范。这种标准化管理不仅有助于提升工作效率，更重要的是能够确保幼儿教育的质量与安全，促进幼儿的健康成长。标准化实施，让教职员工做每件事的具体行为有标准可依。5S 管理的标准。什么东西放在哪里，让每一个行为都是有依据可依的。包括我们的伙房储物间怎么样做标准化。班级的四项记录 5S 标准实施，每一个班级的每一件物品，都摆在相同的位置，这样方便每一个人拿取。拖把在盥洗室，都有相应的标识和文字。抹布手套，区域如何对应，多考虑到孩子的年龄特点等。

（一）标准化管理的核心要素

1. 明确的标准体系

幼儿园应建立一套涵盖教育教学、安全管理、卫生保健、师德师风、幼儿评价等多方面的标准体系。这些标准应基于幼儿身心发展规律和国家相关政策法规，确保科学性和合法性。

2. 细致的操作流程

对于每一项标准，都应制定相应的操作流程或实施细则，明确教职员工在执行过程中的具体步骤、注意事项和预期效果。这有助于减少操作失误，提高工作效率。

3. 全面的培训指导

幼儿园应定期组织教职员工参加标准化管理的培训和学习，确保每位员工都能深刻理解并熟练掌握相关标准和操作流程。通过培训，提高员工的职业素养和执行能力。

（二）标准化管理让行为有规范的具体体现

1. 教育教学行为规范化

在教育教学方面，标准化管理要求教师遵循既定的教学计划和课程大纲，采用科学的教学方法和手段，确保教学内容的准确性和有效性。同时，教师还需关注幼儿的个体差异，因材施教，促进每个幼儿的全面发展。

2. 安全管理行为标准化

安全管理是幼儿园工作的重中之重。标准化管理要求幼儿园建立健全的安全管理制度和应急预案，明确安全责任人和岗位职责。教职员工需按照安全规范进行日常巡查、隐患排查和应急演练等工作，确保幼儿在园期间的人身安全。

3. 卫生保健行为规范化

卫生保健直接关系到幼儿的身体健康。标准化管理要求幼儿园制定严格的卫生保健制度和消毒隔离措施，确保幼儿园环境的清洁卫生和幼儿个人卫生习惯的培养。教职员工需按照卫生保健标准进行操作，预防和控制传染病的发生。

4.师德师风行为标准化

师德师风是幼儿园教师队伍建设的核心内容。标准化管理要求教职员工树立正确的教育观和儿童观，遵守职业道德规范，以身作则，为幼儿树立良好的榜样。同时，幼儿园还需建立师德师风考核机制，对教师的师德表现进行定期评价和反馈。

（三）标准化管理的实施效果

通过实施标准化管理，幼儿园可以建立起一套科学、规范、高效的管理体系，使教职员工在做每一件事时都有标准可依、有章可循。这不但能够提升幼儿园的整体管理水平和工作效率，更重要的是能够确保幼儿教育的质量和安全，为幼儿的健康成长提供有力保障。同时，标准化管理还有助于提升幼儿园的品牌形象和社会认可度，为幼儿园的可持续发展奠定坚实基础。

案例一：伙房储物间 6S 标准化管理

厨房设有各种操作间，设施设备齐全，保障科学合理、安全卫生。

在 6S 管理中，伙房储物间的标准化是确保食品安全、提升工作效率和保持环境整洁的重要一环。以下是根据 6S 管理原则（整理、整顿、清洁、规范、素养、安全）制定的伙房储物间标准化方案：

一、整理（Sort）

1.区分必要与不必要的物品：

——清理储物间内所有物品，区分出哪些是日常工作中必需的，哪些是不再需要或很少使用的。

——对于不必要的物品，及时清理出储物间，进行妥善处理（如捐赠、回收或丢弃）。

二、整顿（Straighten）

1.合理布局与分类：

——根据物品的性质和用途，对储物间进行合理分区，如食材区、调料区、清洁用品区等。

——确保同类物品集中摆放，便于查找和取用。

2. 明确标识：

——为每个区域和货架制作清晰的标识牌，标明存放物品的种类和位置。

——在物品包装或容器上贴上标签，注明名称、生产日期、保质期等信息。

3. 规范摆放：

——确保物品摆放整齐有序，遵循"上轻下重、先进先出"的原则。

——对于易碎或易受潮的物品，应采取适当的保护措施进行存放。

三、清洁（Sweep）

1. 日常清洁：

——制定储物间日常清洁计划，包括地面、墙面、货架、门窗等的清洁工作。

——使用合适的清洁工具和清洁剂，确保储物间内无垃圾、无油渍、无异味。

2. 定期消毒：

——对储物间进行定期消毒处理，特别是存放食材和调料的区域。

——消毒后应通风换气，保持储物间内空气清新。

四、规范（Standardize）

1. 制定管理制度：

——制定储物间管理制度或操作规范，明确储物间的使用、清洁、维护等要求。

——将管理制度张贴在储物间显眼位置，便于员工查阅和遵守。

2. 培训与教育：

——对员工进行 6S 管理知识的培训和教育，提高员工的规范意识和操作技能。

——鼓励员工积极参与储物间的标准化管理工作，共同维护良好的工作环境。

五、素养（Sustain）

1. 培养良好习惯：

——引导员工养成良好的工作习惯，如用完物品后及时归位、保持储物间整洁等。

——通过定期检查和考核等方式，督促员工持续改进和提升自身素养。

2. 树立团队意识：

——强调团队合作的重要性，鼓励员工之间相互帮助、共同维护储物间的标准化管理成果。

六、安全（Safety）

1. 确保安全设施完好：

——定期检查储物间内的安全设施（如消防器材、应急照明等）是否完好有效。

——确保储物间内无安全隐患存在，如电线 、易燃物品堆积等。

2. 遵守安全规定：

——严格遵守食品安全和消防安全等相关规定，确保储物间内的物品安全存放和使用。

——对于特殊物品（如危险化学品）应实行特别定置管理，并制定相应的安全操作规程。

综上所述，通过实施 6S 管理中的整理、整顿、清洁、规范、素养和安全等六个方面的标准化管理措施，可以显著提升伙房储物间的管理水平和工作效率，为食品安全和员工健康提供有力保障。

第五章 时——战略与规划的前瞻

时，战略到位，就是园长用长远的眼光和决断魄力明确团队方向。方向对了不走弯路，目标准了不走歪路，信念定了不走回头路。在幼儿教育领域，一个幼儿园能否稳步前行、持续发展，关键在于园长是否具备高瞻远瞩的战略眼光与果敢的决断魄力。当园长以这种长远的视角审视幼儿园的未来，他不仅能够清晰地洞察教育行业的趋势，更能准确地把握园所发展的方向。战略到位，意味着园长能够基于对当前形势的深刻理解和对未来趋势的精准预测，为团队指明一条既符合教育规律又契合园所实际的发展道路。这样的方向，如同灯塔一般照亮前行的道路，确保团队在追求卓越的过程中不走弯路，始终沿着正确的轨迹前进。

同时，园长还需设定明确、具体且可达成的目标，这些目标如同指南针，引导团队成员在纷繁复杂的教育工作中保持专注，确保每一步都坚实地迈向既定的方向，不走歪路。而坚定的信念，则是团队克服困难、勇往直前的精神支柱。当园长与团队成员共同确立并坚守这份信念时，他们便拥有了面对挑战不屈不挠的力量，即使遇到挫折也能坚持走下去，绝不轻言放弃，更不走回头路。

战略到位不仅是园长个人能力的体现，更是幼儿园整体发展的关键所在。它要求园长具备全局思维、前瞻视野和坚定决心，以科学规划引领园所发展，以明确目标凝聚团队力量，以坚定信念激发内在潜能，共同开创幼儿园更加辉煌的未来。

第一节 计划制定——战略指引下的可持续发展

在幼儿园管理中，尽管每位园长都会制定计划，但计划的实际执行效果却大相径庭。计划的制定绝非简单的文字堆砌或游戏，而是园长基于战略眼光，深思熟虑后形成的、旨在推动园所可持续发展的蓝图。以云天幼儿园为例，其计划的制定过程充分体现了园长对宏观教育趋势的精准把握与园所实际情况的紧密结合。在制定计划时，园长不仅着眼于当前的运营状况，还放眼于长远的发展目标，确保每一项规划都符合教育理念和行业趋势，同时又贴近幼儿需求，切实可行。通过这样的方式，云天幼儿园制定出了既具有前瞻性又具备可操作性的计划，为园所的稳步发展奠定了坚实基础。

一、为什么要制定幼儿园工作计划？

制定幼儿园计划的重要性，体现"凡是预则立不预则废"，深刻体现了《礼记·中庸》中的智慧："不论做什么事，事先有准备，就能得到成功，不然就会失败。"这一古训在幼儿园管理中同样适用，且意义深远。幼儿园作为儿童启蒙与成长的重要场所，其运作的每一个环节都直接关系到孩子们的学习与发展。因此，制定详尽而周密的计划，是确保幼儿园高效、有序运行，促进幼儿全面健康发展的关键。

首先，计划的制定明确了幼儿园的发展目标。正如"目标＋行动＋坚持＝成功"的20、80法则所揭示的，明确的目标是成功之路的起点。幼儿园计划不仅设定了短期内要达成的教育目标，如提升教学质量、丰富课程内容、优化环境设施等，更着眼于长期发展的愿景，如培养幼儿的综合素质、建立良好的教育品牌等。这些目标为幼儿园的各项工作指明了方向，确保所有努力都围绕着同一个核心目标展开。

其次，计划的制定促使了行动的有效实施。有了明确的目标，接下来就需要通过具体的行动来逐步实现。幼儿园计划通常会细化到每月、每周甚至每日的具体任务，包括教学活动安排、师资培训、家园共育等方面。这些细致入微的计划不仅提高了工作效率，还确保了各项工作的连续性和系统性。虽然计划的执行过程中还会遇到各种挑战和问题，但正是这些计划的存在，使得团队能够迅速调整策略，灵活应对，确保目标的顺利实现。

最后，计划的制定强调了坚持与持续改进的重要性。成功往往不是一蹴而就的，它需要时间的积累和不断的努力。幼儿园计划在实施过程中需要不断进行评估和调整，以确保其适应实际情况的变化。这种持续改进的过程不仅是对计划的完善，也是对幼儿园教育理念和教育方法的不断探索和创新。通过坚持执行和持续改进，幼儿园能够不断提升自身的教育质量和影响力，为孩子们提供更加优质的教育服务。

总之，制定幼儿园计划是确保幼儿园成功运行和发展的基石。它不仅有助于明确目标、指导行动，还能够激发团队的凝聚力和创造力，推动幼儿园在竞争激烈的市场中脱颖而出，为孩子们的成长和发展贡献更大的力量。同时，这也体现了"有目标就会有方法，才能找到成功的方法"的深刻道理，即在明确目标的指引下，我们总能找到实现目标的最佳路径和方法。

二、制定工作计划的依据——上着天，下着地

制定工作计划的依据，恰如一句精炼的谚语所言："上着天，下着地。"这一表述形象地概括了计划制定的多维度考量与平衡。它不仅仅是一个空间位置的描述，更是对制定计划时需兼顾的高度、广度与深度的生动诠释。

（一）上着天：紧跟国家政策导向与幼儿教育理论前沿

在制定工作计划时，"上着天"意味着我们要有宏观视野，紧密跟随国家教育政策的步伐，深刻理解并准确把握国家对于幼儿教育的政策导向、发展目标及改革动态。这要求我们不仅要研读最新的教育政策文件，还要洞悉国际国内的幼儿教育理论发展趋势，如蒙台梭利教育法、瑞吉欧教育体系等先进理念的引入与本土化实践。只有这样，才能够确保工作计划具有前瞻性和科学性，引领幼儿园教育质量的持续提升。

（二）中观布局：融入集团战略与八字方针的指引

"中"的层面，则是将工作计划置于集团宏观战略的框架之下，紧密围绕集团的核心价值观、发展愿景及八字方针（此处假设的八字方针，如"创新、协同、责任、卓越"等，具体应根据实际情况而定）来制定。通过明确集团对于幼儿园的期望与要求，我们能够确保工作计划与集团整体战略保持一致，促进资源的有效整合与优化配置，形成上下一心、协同发展的良好局面。

（三）下着地：立足本园实际，精准施策

"下着地"则强调计划的实践性和可操作性。在制定工作计划时，必须深入调研，全面了解本园的现状与需求，包括师资力量、幼儿特点、教育资源、环境条件等多个方面。基于这些实际情况，我脚踏实地地制定具体可行的措施和步骤，确保计划能够真正落地实施，取得实效。这要求在计划制定过程中注重细节，关注每一个环节的可行性与有效性，避免脱离实际、空洞无物的计划制定。

综上所述，"上着天，下着地"不仅是制定工作计划的基本依据，也是确保计划科学性、前瞻性与实践性相统一的重要原则。只有做到这三者的有机结合，才能制定出既符合国家政策导向、集团战略要求，又符合本园实际情况的高质量工作计划，推动幼儿园教育事业的不断进步与发展。

案例解析

云天幼儿园发展目标与战略解析：

基于上述内容，云天幼儿园的发展蓝图展现了一幅从初创到卓越，不断追求品质与创新，致力于成为行业标杆的宏伟画卷。以下是对其发展目标、战略及时间节点的综合分析：

云天幼儿园以"品质联动辐射战略"为核心，紧密围绕"品质、联动、推广、突围"八字方针，构建了一个既高瞻远瞩又脚踏实地的发展框架。这一战略不仅体现了幼儿园对教育质量的不懈追求，也彰显了其在行业内外联动合作、共同发展的开放姿态。通过"抱团发展、捆绑发展、嫁接发展"的中观发展战略，云天幼儿园旨在整合资源，形成合力，共同应对挑战，把握机遇。

在微观层面，幼儿园将强势推进各项具体战略的落地实施，确保每一项计划都能精准对接实际需求，转化为实实在在的发展成果。特色鲜明、质量上乘、品质高端，这不仅是云天幼儿园的自我要求，也是其向家长和社会做出的庄严承诺。

时间节点与发展目标:

1. 2009 年建园初:重宣传,树品牌,理念落地。

在这一阶段,云天幼儿园将宣传作为首要任务,通过多渠道、多形式的宣传手段,迅速提升品牌知名度。同时,注重教育理念的落地实施,确保每一位教职工都能深刻理解并践行幼儿园的教育理念,为后续的发展奠定坚实的思想基础。

2. 2012 年发展期:重特色,提效益,口碑相传。

随着品牌影响力的逐步扩大,云天幼儿园进入快速发展期。此时,幼儿园将重点放在特色课程的开发与实施上,通过提供差异化、个性化的教育服务,满足家长和孩子的多元化需求。同时,注重提升教育效益,确保教育质量与经济效益的双赢。良好的口碑成为幼儿园最宝贵的资产,通过家长和孩子的口口相传,进一步扩大了品牌影响力。

3. 2014 年成熟期:重内涵,强特色,品牌植根。

经过几年的努力,云天幼儿园已步入成熟阶段。在这一时期,幼儿园将更加注重内涵建设,强化特色教育,使品牌更加深入人心。同时,通过持续的教育质量提升和品牌建设,确保幼儿园在激烈的市场竞争中保持领先地位。

4. 2017 年成长期:重品质,抓辐射,集团化发展。

随着品牌影响力的不断扩大,云天幼儿园开始实施集团化发展战略。通过辐射周边地区,开设分园或合作园,实现教育资源的优化配置和共享。同时,注重品质管理,确保每一家分园或合作园都能达到统一的教育标准和质量要求。

5. 2020 年蜕变期:重良知,致幸福,托幼一体化发展。

在这一阶段,云天幼儿园将关注点转向社会责任和幸福感的营造。通过提供更高质量的托幼一体化服务,满足更多家庭的需求。同时,注重教育良知的传承与发扬,让每一位教职工都能成为孩子成长道路上的良师益友。

6. 2023 年迭代期:重传承,提质量,幼教 + 多元化发展

面对未来教育的新趋势和新挑战,云天幼儿园将不断进行自我迭代与升级。通过提升教育质量、拓展多元化发展路径等方式,确保幼儿园始终走在行业前列。同时,注重传承与创新的结合,打造幼教 + 托育 + 早教 + 托管 + 延时服务 + 自习室等多元化发展内容,让幼儿园在保持传统优势的同时不断焕发新的生机与活力。

（四）幼儿园学期计划的基本内容包括哪些？

幼儿园学期计划的基本内容是一个全面而细致的规划，旨在确保幼儿园教育教学活动的有序进行和幼儿全面发展的实现。

1. 基本情况分析（SWOT）：优劣势——分内外

（1）内部优势（Strengths）

首先，分析幼儿园自身的教育资源，如师资力量（教师的专业素养、教学经验）、教学设施（教室、活动场地、玩具教具的丰富性与安全性）、课程特色（是否拥有独特的课程体系或教学方法）、管理效率（组织结构、规章制度执行力度）等。此外，还应考虑幼儿园的文化氛围、家长满意度及幼儿成长状况等内部积极因素。

（2）内部劣势（Weaknesses）

识别并正视幼儿园在发展中可能存在的问题，如师资结构不合理、某些教学设施老化或不足、课程设置缺乏创新性、家园共育机制不够健全等，这些都是需要改进和提升的方面。

（3）外部机会（Opportunities）

分析当前社会环境、教育政策、市场需求等为幼儿园带来的发展机遇。比如，对学前教育加大投入、社会对高质量学前教育需求的增长、新技术在教学中的应用等，都是幼儿园可以抓住并利用的外部优势。

（4）外部威胁（Threats）

考虑可能影响幼儿园发展的外部不利因素，如市场竞争加剧、教育政策变动带来的不确定性、家庭经济压力影响入园率等，需提前制定应对策略，降低风险。

2. 指导思想

指导思想是幼儿园学期计划的灵魂，它明确了幼儿园的发展方向和行动纲领。具体包括：

（1）政治方向

坚持正确的政治方向，贯彻国家的教育方针，确保教育教学活动符合国家法律法规要求。

（2）形势要求

结合当前教育改革的形势和社会发展的新要求，如注重幼儿全面发展、强化素质教育、推进教育信息化等，明确幼儿园的发展定位和目标。

（3）办园理念

提炼并阐述幼儿园的办园理念，如"以爱育爱，以乐促学""全面发展，注重个性""家园共育，和谐成长"等，作为指导幼儿园一切工作的核心理念。

3. 工作要点

（1）重点

明确本学期需要重点推进的工作项目，如新课程的开发与实施、教师队伍的专业成长、教学环境的优化等。

（2）焦点

关注家长和社会关注的热点问题，如幼儿身心健康发展、安全教育、家园沟通等，确保及时回应和满足家长需求。

（3）亮点

打造具有特色的亮点工作，如特色课程展示、校园文化活动、幼儿成果展览等，提升幼儿园的品牌影响力。

（4）难点

识别并正视工作中可能遇到的难点问题，如特殊幼儿的教育支持、教育资源的合理分配等，制定针对性解决方案。

（5）疑点

对于新的教育理念、教学方法或政策要求等存在的疑问，及时组织学习研讨，明确方向，消除疑惑。

4. 工作目标、措施、评价

（1）工作目标

设定具体、可量化、可达成的工作目标，如提高幼儿入园率、降低幼儿事故率、提升家长满意度等。

（2）措施

针对每个目标制定详细的实施措施，明确责任人和时间节点，确保措施的有效落实。

（3）评价

建立科学的评价机制，定期对工作目标完成情况进行评估，总结经验教训，及时调整工作计划。

5. 每月活动重点

根据学期计划的工作要点和目标，制定每月的具体活动安排，确保各项工作的有序推进。每月活动重点应围绕教学、活动、家园共育等方面展开，如开展主题教学活动、组织亲子活动、举办教师培训等，同时注重活动的创新性和实效性，激发幼儿的学习兴趣，促进家园之间的良好沟通与合作。

第二节　总结提升——总结表彰分享激励

一、年终总结大会的意义

年终总结大会的意义远不止于简单回顾过去一年的工作，它承载着更为深远和丰富的内涵，具体体现在以下几个方面：

（一）承上启下的大会

年终总结大会首先是对过去一年工作的全面回顾与梳理，是对各项任务完成情况的一次集中展示。这一过程不仅帮助全体员工清晰地认识到过去一年中的成就与不足，更为重要的是，它为新一年的工作奠定了坚实的基础。通过总结，我们可以汲取经验，反思教训，为来年的规划提供宝贵的参考。同时，大会也是开启新一年征程的起点，明确新目标、新任务、新要求，激发全体成员的斗志，为下一年的工作注入新的动力和方向。

（二）振奋精神的大会

在年终总结大会上，表彰先进、树立典型是不可或缺的重要环节。这不仅是对优秀员工辛勤付出的认可与肯定，更是对全体员工的一种激励与鼓舞。通过表彰，我们能够感受到榜样的力量，看到身边的同事如何通过不懈努力取得了卓越的成绩。这种正面的激励效应能够极大地振奋全体员工的精神状态，激发大家的工作热情和创造力，促使大家在新的一年中更加积极、主动地投入工作中。

（三）吹起冲锋号角的大会

年终总结大会还是一次吹响冲锋号角的盛会。在大会上，领导层会提出新一年的工作思路和战略部署，明确发展的方向和重点。这些目标和任务如同冲锋的号角，激励着全体员工勇往直前、奋力拼搏。它让每个人都感受到自己肩上的责任和使命，激发出一种时不我待、只争朝夕的紧迫感和使命感。在这样的氛围中，大家将齐心协力、共同奋斗，为实现园所的新发展贡献自己的力量。

（四）凝聚园所文化的大会

年终总结大会还是一次展示和传承园所文化的重要场合。在大会上，通过分享成功案例、讲述感人故事等方式，我们能够更加深刻地理解和感受园所文化的内涵和价值。这种文化的传承和弘扬不仅增强了员工的归属感和认同感，还促进了团队之间的沟通与协作。同时，大会也是一个交流和学习的平台，大家可以在这里分享经验、交流思想、碰撞智慧，共同推动园所文化的不断丰富和发展。通过这样的过程，园所文化将更加深入人心，成为推动园所持续发展的重要力量。

二、年终总结大会的作用

幼儿园年终总结大会作为一年辛勤工作的总结与展望的盛会，其作用远超过简单的回顾与安排，它深刻影响着幼儿园的持续发展与团队凝聚力。

（一）总结今年的目标达成与分析

年终总结大会的首要任务是对过去一年中设定的各项教育、管理、服务及发展目标进行全面而细致的回顾。这一过程不局限于数字上的统计与对比，还包括深入剖析每个目标背后的实施策略、遇到的挑战、解决的方法以及最终的成效。通过数据说话，结合实例分析，帮助所有教职工清晰地认识到幼儿园在哪些领域取得了显著进步，哪些方面还有待加强，为后续的工作提供宝贵的经验与教训。

（二）表彰优秀的部门和个人

大会中，对在教育教学、班级管理、后勤保障、家长工作等方面表现突出的部门和个人进行表彰，是激励团队士气、树立正面典型的关键环节。这不仅是对获奖者辛勤付出的认可，也是对整个团队的一种鼓舞与鞭策。通过表彰，激发每位教职工的荣誉感和进取心，形成比学赶超的良好氛围，推动整个幼儿园向更高水平发展。

（三）分享成功的经验和感人的故事

在大会上，邀请优秀教职工分享他们在工作中的成功经验、创新做法以及与学生、家长之间的感人故事。这些真实、生动的案例，不仅能够为其他教职工提供可借鉴的思路和方法，还能加深彼此之间的理解和信任，增强团队的凝聚力。同时，这些故事也是幼儿园文化的生动体现，传递着正能量，激励着每一个人。

（四）设定下一阶段的目标

在总结过去的基础上，大会可明确提出新一年的发展目标，包括教育教学质量的提升、课程改革的深化、师资队伍的建设、园所文化的培育等多个方面。这些目标的设定既符合幼儿园的实际情况，又具有前瞻性和挑战性，能够激发全体教职工的斗志和创造力，为幼儿园的持续发展指明方向。

（五）激励、宣导规则及各个部门表达决心

大会中，领导层可进行洋溢的动员讲话，对全体教职工进行激励和鼓舞，强调团队合作的重要性，宣导新一年的工作纪律和规章制度。同时，各部门负责人也可依次上台发言，表达本部门在新一年中的工作规划、目标设定及实现路径，并带领团队成员共同宣誓，展现团队的凝聚力和战斗力。

（六）公众承诺

作为大会组成部分，全体教职工将共同进行公众承诺，宣誓在新的一年里将全力以赴、尽职尽责地完成各项工作任务，为幼儿的健康成长和幼儿园的繁荣发展贡献自己的力量。这种庄严的承诺不仅是对幼儿园和家长的公开宣告，更是对自我的一种鞭策和激励，将激发每个人的责任感和使命感，推动幼儿园各项工作不断迈上新台阶。

三、设置奖项

幼儿园倡导正能量的同时一定要给予富有正能量层级的员工以肯定和鼓励。在年终总结大会设置奖项部分，全面而深入地表彰那些在幼儿园日常工作中展现出正能量、卓越表现与独特奉献的员工，幼儿园可以设计一系列既体现专业性又兼顾情感共鸣的奖项。

（一）专业与贡献类奖项

1. 最佳状态奖

颁发给始终保持积极向上、活力四射，为幼儿园带来正面影响的员工。

2. 忠诚卫士奖

表彰那些长期坚守岗位，对幼儿园充满热爱与忠诚，为幼儿园的稳定发展默默奉献的员工。

3. 杰出贡献奖

针对在幼儿园重大活动、项目或改革中做出突出贡献的个人或团队，肯定其卓越成就。

4. 最佳执行力奖

授予能够迅速、高效、准确无误地完成各项任务，执行力超强的员工。

（1）金算盘奖（最佳成本控制奖）

表彰在财务管理、物资采购或项目预算等方面展现出高超成本控制能力的员工，为幼儿园节约资源、创造更多价值。

（2）金鹰团队奖

针对团队合作紧密、协同作战能力强、成绩显著的团队，强调集体荣誉。

（二）情感与人文类奖项

1. 互助互爱奖

表彰在同事间积极传播正能量，乐于助人，营造和谐工作氛围的员工。

2. 最具爱心奖

授予那些对孩子充满爱心，耐心细致，深受孩子和家长喜爱的教师或保育员。

3. 感动家长奖

根据家长反馈，评选出最能理解家长需求、积极沟通、深受家长信赖的教师。

4. 最具才华奖

无论是音乐、舞蹈、绘画还是其他才艺，表彰在幼儿教育领域展现非凡才华的员工。

5. 辣妈奖

特别为平衡家庭与工作，展现出强大生活与工作能力的妈妈级员工设立，肯定其双重角色的成功扮演。

6. 舞王/舞后奖

在幼儿园文化活动或庆典中，展现出色舞蹈才艺，为活动增添亮点的员工。

（三）特色与趣味类奖项

1. 最幽默奖

以幽默风趣的方式缓解工作压力，为团队带来欢笑的员工。

2. 最有孝心奖

表彰在生活中尊敬长辈、孝顺父母，传递中华民族传统美德的员工。

3. 阳光大使奖（最阳光团队奖）

颁发给团队氛围积极向上，成员间相互鼓励、充满正能量的团队或个人。

4. 创意无限奖（最具创新力奖）

奖励在教学方法、活动策划等方面勇于尝试新思路、新方法，取得良好效果的员工。

（四）奖品设置与颁奖人

1. 奖品

除了传统的锦旗、小礼品外，可以考虑定制化的纪念品，如刻有获奖者名字的奖杯、具有纪念意义的书籍或文具套装，以及提供专业培训、旅游机会等非物质奖励。奖品的选择应亲自挑选，以体现对获奖者的尊重与重视。

2. 颁奖人

邀请园领导、同事、朋友甚至家人作为颁奖嘉宾，增加仪式的温馨感与互动性。特别是邀请家人颁奖，能让获奖员工感受到来自家庭的支持与骄傲，进一步激发其工作热情。

四、意识织锦：云天幼儿园年终总结的思想之旅

在教育的浩瀚星空中，每一颗星星都闪耀着独特的光芒，而云天幼儿园，正是那片星域中一颗。它的年终工作总结，不仅仅是一份年度工作的复盘与归档，还是一次团队智慧与情感的深度对话，一次思想意识的汇聚与升华。

（一）初织梦想——意识萌芽

早期的云天幼儿园年终总结，如同晨曦初照，意识的嫩芽悄然破土。那时的总结，虽略显青涩，却满载着对未来的憧憬与梦想。园务会成员们以真挚的情感，记录下孩子们纯真的笑脸、教师团队的辛勤耕耘以及幼儿园在初创期面临的挑战与突破。这些文字，不仅是工作的记录，更是团队共同信念的初步凝结，标志着云天幼儿园意识形态的初步形成。

（二）织就匠心——意识深耕

随着时间的推移，云天幼儿园的年终总结逐渐展现出更加深厚的内涵与匠心。园务会开始注重从日常工作中提炼出教育理念的精髓，将每一次活动、

每一项改革都视为推动幼儿园思想意识进步的阶梯。总结中，不仅有对教学成果的量化分析，更有对教育理念的深刻反思与探讨。这一时期，云天幼儿园的团队意识如同被精心编织的绸缎，既坚韧又富有光泽，彰显出对教育事业的无限热爱与执着追求。

（三）锦上添花——意识升华

进入新的发展阶段，云天幼儿园的年终总结更是达到了一个新的高度。它不再仅仅是对过去一年的回顾，而是成为一个面向未来、引领创新的平台。园务会成员们开始从更广阔的视角审视幼儿园的发展，将国内外先进的教育理念、技术手段融入总结之中，形成了一系列具有前瞻性和实践性的思考成果。此时的年终总结，就像是一幅绚丽多彩的锦缎，每一根丝线都闪耀着智慧的光芒，共同织就了云天幼儿园独特而辉煌的思想图景。

（四）织梦未来——意识永续

回顾云天幼儿园历年年终总结的变迁，我们不难发现，正是这份对意识的不懈追求与深化，使得幼儿园在发展的道路上越走越远、越走越稳。未来的日子里，云天幼儿园将继续秉承"意识织锦"的精神，将每一次年终总结都视为一次心灵的洗礼与思想的升华，用更加饱满的热情和更加坚定的信念，为孩子们编织出一个更加美好、更加精彩的未来。意识决定形态，年终工作总结不仅是一年工作内容的罗列和陈述，更是一个团队思想意识的凝结和升华。从云天幼儿园园务会历年来的总结，从形式到内容都分别呈现了不同的思想意识形态。

（五）年度总结：从实至形，再至魂的螺旋升华

以云天园年终总结的演变过程为例，不仅映射了组织成长的轨迹，更体现了管理理念与文化深度的逐步升华，其发展历程犹如一幅细腻的画卷，缓缓展开，展现出螺旋形上升的独特魅力。

1. 初期：内容为王，扎实基础

在云天园年终总结的初期阶段，重点在于"内容为王"。这一时期，总结的核心聚焦于过去一年中各项工作的完成情况、成果展示以及遇到的问题与

挑战。团队成员通过翔实的数据、具体的事例，全面回顾了各自领域内的成绩与不足，确保每一项工作都有据可查。这种注重内容的总结方式，为云天园打下了坚实的基础，使得组织能够清晰地认识到自身的优势与短板，为后续的发展指明了方向。

2. 中期：形式创新，增强表达

随着时间的推移，云天园年终总结开始进入"形式创新"的阶段。在保持内容质量的同时，团队开始探索更加生动、有趣的呈现方式。比如，采用PPT演示、视频记录、互动问答、节目表演等形式，让总结报告不再单调乏味，而是变得更具吸引力和感染力。这一转变不仅提升了总结的观赏性和参与度，也促进了团队成员之间的交流与沟通，增强了团队的凝聚力和向心力。通过形式的创新，云天园的年终总结逐渐成为一种文化现象，激发了员工们对工作的热情与创造力。

3. 当前：内涵深化，引领未来

如今，云天园的年终总结已经迈入了"内涵深化"的新阶段。在内容与形式并重的基础上，团队更加注重总结的深度与广度，致力于挖掘背后的故事与价值观。每一份总结报告都力求在展示成果的同时，传递出组织的使命、愿景与价值观，引导员工思考如何更好地服务于客户、贡献于社会。此外，云天园还鼓励员工进行跨界学习与思考，将年终总结作为一个平台，分享行业动态、技术趋势以及个人成长感悟，从而拓宽视野、启迪智慧，为组织未来的发展注入新的活力与动力。

综上所述，云天园年终总结的演变过程，是从内容到形式再到内涵的螺旋形上升状态。这一过程不仅见证了云天园的成长与蜕变，也为我们提供了一个宝贵的管理启示：在追求组织发展的过程中，既要注重实际工作的落实与成果的展现，也要不断创新表达方式以提升传播效果；更重要的是，要深入挖掘并传承组织的文化内涵与价值观，以此引领团队不断前行、创造更加辉煌的未来。

年终总结工作在幼儿园管理体系中虽属常规范畴，实则承载着非凡的价值与深远的意义。精心策划与高效执行这一环节，不仅能够系统地回顾与梳理过去一年的辛勤耕耘与丰硕成果，为即将展开的新年度工作奠定坚实的基础与明确的导向，更是一次凝聚团队力量、提振全员士气的宝贵契机。通过年终总结，我们不仅反思工作中的得与失，更在分享成功经验与汲取教训的过程中，激发教职工之间的正向交流与相互学习，形成积极向上的工作氛围。这一过程如同为幼儿园这艘航船注入一股清新的活力源泉，促进园所文化的深度传承与创新发展，为实现幼儿园的可持续发展目标不断蓄积能量，推动园所在新的征程中乘风破浪，稳健前行。因此，年终总结不仅是对过往的致敬，更是对未来无限可能的期许与启航。

第三节　三阶管理——相辅相成螺旋上升

园长管理领导力的运用在时间维度上细化为三个阶段，每个阶段都标志着园所发展进程中的不同里程碑，展现了园长角色从直接参与到战略引领的深刻转变。

第一阶段：亲力亲为，率先垂范——个人魅力的光辉启航

在园所初创的第一阶段，一切尚处于萌芽状态，如同一张白纸等待着绘上最绚烂的色彩。这个阶段，园长不仅是园所的灵魂人物，更是每一位教师的引路人和同行者。面对教师团队高涨的热情与相对匮乏的经验，园长展现出了非凡的个人魅力与领导力，以亲力亲为、率先垂范的方式，为园所的发展奠定了坚实的基础。

首先，园长深入一线，亲自参与并主导各项关键工作的规划与执行。从园区的环境布置到教学设备的采购，从日常教学计划的制定到特色课程的研发，园长都亲力亲为，确保每一项工作都能达到高标准、严要求。通过这种方式，园长不仅传递了对教育事业的热爱与执着，更以实际行动诠释了"身教重于言传"的教育理念。

在教育教学方面，园长更是手把手地指导新教师，从教学技巧的提升到班级管理的艺术，从幼儿心理的把握到家园共育的策略，园长都毫无保留地分享自己的经验与智慧。园长通过组织观摩课、示范课、教学研讨会等多种形式，让新教师在实践中学习，在学习中成长，迅速提升教育教学能力。

　　此外，园长还特别注重园所文化的建设。他／她深知，一个优秀的园所不仅要有先进的教学设施和优秀的教师队伍，更要有独特的园所文化和价值观。因此，园长亲自参与园所文化的策划与实施，通过制定园所愿景、使命、价值观等核心要素，引导教师团队形成共同的价值追求和行为规范。同时，园长还通过组织丰富多彩的团队活动、节日庆典等形式，增强团队凝聚力，营造温馨和谐的园所氛围。

　　在这一阶段，园长的个人魅力与领导力得到了充分展现与发挥。他／她不仅以卓越的才能和无私的奉献赢得了教师的尊敬与爱戴，更以坚定的信念和不懈的努力为园所的发展注入了强大的动力。随着时间的推移，园所在园长的带领下逐渐走上正轨，为接下来的发展奠定了坚实的基础。

第二阶段：带队伍，强能力——影响力的深度渗透

　　随着园所步入发展的第二阶段，各项工作已初具规模，教师团队也日渐成熟。在这一阶段，园长将工作重心转向了创新驱动与品质提升，旨在通过一系列创新举措，推动园所实现质的飞跃。

　　首先，园长深知创新是园所持续发展的不竭动力。因此，积极倡导并推动教育教学改革，鼓励教师勇于尝试新的教学方法和手段，打破传统教育模式的束缚。园长通过引进国内外先进的教育理念和教学资源，为教师提供广阔的学习平台和交流机会，促进教师专业化成长。同时，园长还鼓励教师结合园所实际和幼儿特点，自主研发特色课程和活动，丰富园所课程体系，提升教育教学质量。

　　在品质提升方面，园长注重从细节入手，全面提升园所的管理水平和服务质量。建立健全了园所各项规章制度，规范了教育教学流程和管理流程，确保各项工作有序进行。园长还加强了对园所环境、卫生、安全等方面的监管力度，确保幼儿在安全、健康的环境中成长。此外，园长还注重提升家长满意度和参与度，通过定期召开家长会、开展亲子活动等形式，加强与家长的沟通和联系，形成家园共育的良好局面。

　　在这一阶段，园长还特别注重园所品牌的塑造和推广。他／她深知品牌是园所核心竞争力的重要体现。因此，园长通过加强园所文化建设、提升教育

教学质量、优化服务流程等多种方式，不断提升园所的品牌影响力和美誉度。同时，园长还积极利用媒体和网络等渠道进行宣传和推广，吸引更多家长和幼儿的关注和认可。

通过第二阶段的努力和创新驱动，园所在教育教学、管理服务、品牌建设等方面都取得了显著成效。教师团队的专业素养和教育教学能力得到了大幅提升；园所的管理水平和服务质量也得到了家长和社会的广泛赞誉；园所的品牌影响力和美誉度更是不断提升。这些成绩的取得为园所未来的发展奠定了坚实的基础。

第三阶段：合理授权与有效管理——管理智慧的璀璨绽放

随着组织步入发展的第三阶段，一个显著的特征便是管理层的智慧与策略达到了前所未有的高度，这主要体现在合理授权与有效管理两个方面。这一阶段不仅是组织成长的关键期，也是管理艺术展现其璀璨光芒的辉煌时刻。

（一）合理授权：释放潜能，促进成长

在这一阶段，管理者深刻认识到，真正的领导力不在于事必躬亲，而在于能够慧眼识才，并勇于将权力与责任下放给合适的团队成员。合理授权，意味着管理者根据团队成员的能力、兴趣和专长，赋予他们相应的决策权和执行权，从而激发他们的积极性和创造力。通过授权，团队成员能够感受到被信任和被重视，进而更加投入地工作，不断提升自己的能力和业绩。

合理授权还促进了组织内部的沟通与协作。当团队成员拥有一定的决策权时，他们会更加主动地与同事交流意见、分享信息，从而增强团队的凝聚力和协作效率。这种基于信任和尊重的沟通方式，有助于构建一个更加开放、包容和创新的组织文化。

（二）有效管理：精细运作，高效执行

在合理授权的基础上，管理者还需要通过有效管理来确保组织的顺利运行和高效发展。有效管理不仅关注于结果，更重视过程。管理者通过制定明确的目标和计划，设定合理的绩效指标和考核标准，对团队成员的工作进行

指导和监督。同时，他们还注重资源的优化配置和流程的简化优化，以提高工作效率和降低运营成本。

有效管理还体现在对团队成员的关怀和支持上。管理者需要时刻关注团队成员的成长和发展需求，为他们提供必要的培训和支持。当团队成员遇到困难和挑战时，管理者需要给予及时的帮助和鼓励，帮助他们攻克难关并取得更好的成绩。

（三）管理智慧的璀璨绽放

合理授权与有效管理的有机结合，构成了第三阶段管理智慧的璀璨绽放。在这一阶段，管理者不仅具备了高超的领导力和管理能力，更拥有了一种深邃的洞察力和判断力。他们能够准确地把握组织的发展趋势和市场变化，制定出符合实际且具有前瞻性的战略规划。同时，他们还能够灵活运用各种管理工具和方法，不断调整和优化管理策略，以应对各种复杂多变的挑战。

最终，在管理者智慧的引领下，组织将步入一个更加稳定、高效和可持续的发展轨道。团队成员将在合理授权和有效管理的激励下，不断发挥自己的潜能和创造力，共同为组织的繁荣发展贡献力量。而管理者本人也将在这一过程中实现自我超越和价值提升，成为组织发展中不可或缺的核心力量。这三个阶段相互交织、螺旋上升，共同构成了园长管理领导力发展的完整路径。每一阶段的成功实践，都为下一阶段的飞跃奠定了坚实的基础，最终助力园所在教育领域中脱颖而出，成为孩子们成长的乐园和教师们实现职业梦想的舞台。

这三个阶段相互交织、螺旋上升，共同构成了园长管理领导力发展的完整路径。每一阶段的成功实践，都为下一阶段的飞跃奠定了坚实的基础，最终助力园所在教育领域中脱颖而出，成为孩子们成长的乐园和教师们实现职业梦想的舞台。

第六章 空——利天下：口碑到位

我们深信不疑，爱是构筑教育大厦最坚实的基石，它如同温暖的阳光，穿透心灵的每一个角落，滋养着每一颗幼小而纯净的心灵。在我们温馨的幼儿园里，爱不仅仅是一个字，它是我们日常行为的指南，是师生互动的桥梁，更是孩子们成长的肥沃土壤。

我们精心策划了一系列丰富多彩的活动与故事分享，旨在培养幼儿的爱心与同情心，让他们从小学会倾听、理解并关心周围的人与事。通过角色扮演、情景模拟、绘本阅读等方式，孩子们在欢笑与泪水中体验到不同情感的细腻变化，学会了换位思考，懂得了尊重与包容的珍贵。他们的小小世界里，开始有了更多的善意与温暖。

与此同时，我们深知作为社会的一分子，应当积极回馈与贡献。因此，我们主动参与各类公益活动，无论是为贫困地区的儿童捐赠图书和学习用品，还是参与环保宣传，我们的身影总是活跃在最需要的地方。我们希望通过这些实际行动，不仅能够为社会带来正面的影响，更能激发更多社会成员的爱心与责任感，共同关注和支持学前教育这一关乎国家未来的伟大事业。

此外，我们还致力于成为学前教育领域的"灯塔"，为其他幼儿园和教师提供公益培训的机会。我们毫无保留地分享我们的教育理念、管理方法以及在实践中积累的宝贵经验，旨在帮助更多的教育工作者提升专业素养，优化教育环境，让更多的孩子能够在充满爱与关怀的环境中健康成长。

在爱文化的引领下，我们坚信，每一份付出都将汇聚成爱的海洋，滋养着每一个孩子的梦想与未来。我们期待看到，随着我们的共同努力，有越来越多的孩子能够在这片爱的海洋中茁壮成长，成为有爱心、有责任感、有能力为社会做出贡献的栋梁之材。爱文化中，不仅让孩子们受益，更让整个社会因爱而更加美好！

第一节　爱心引领，携手幼教同行共成长

携手幼教同行，共绘成长蓝图：作为一所省级示范幼儿园及区域内的知名教育品牌，我们深知自己肩负的责任与使命远不止于自身的卓越发展，还在于如何通过自身的优势，带动整个幼教行业的共同进步。因此，我们始终将"携手幼教同行，共成长"作为发展的核心理念，积极发挥示范和辐射作用，为幼教事业的蓬勃发展贡献力量。

一、携手幼教同行，共绘成长蓝图

作为省级示范园，我们定期接待来自国内外的幼教专家、学者及同行前来参观考察。这不仅是对我们工作的一种肯定，更是我们展示先进教育理念、教学方法及管理模式的重要窗口。我们精心准备每一次接待活动，通过现场观摩、经验分享、互动交流等形式，让来访者深入了解我园的办学特色、教育成果及文化内涵。同时，我们也借此机会汲取外界的新鲜血液，不断完善自我，保持领先地位。

二、搭建培训平台，助力师资提升

师资是幼教事业发展的核心力量。为了提升县域内乃至更广泛区域内幼儿园的教育质量，我们积极搭建教师培训平台，多次举办园长及幼儿教师的专项培训活动。培训内容涵盖了教育理念更新、教学技能提升、园所管理优化等多个方面，旨在帮助参训者拓宽视野、提升能力。我们邀请国内外知名幼教专家、学者及经验丰富的园长、教师前来授课，采用案例分析、实践操作、互动交流等多种教学模式，确保培训效果的最大化。通过这些培训活动，我们有效促进了县域内幼儿园教师队伍的整体素质提升，为幼儿的健康成长奠定了坚实的基础。

三、共享教育资源，促进均衡发展

我们深知，教育资源的均衡分配是实现教育公平的关键。因此，我们积极与周边及县域内的幼儿园建立合作关系，通过资源共享、联合教研、互帮互助等方式，促进区域内幼教事业的均衡发展。我们开放教育资源库，将优秀的教学案例、教具资源、课件资料等无偿提供给合作园所使用；同时，我们也组织联合教研活动，邀请各园教师共同参与课程设计、教学实施及评价反思等环节，共同提升教学质量。通过这些举措，我们有效缓解了区域内幼教资源分布不均的问题，促进了各园所之间的均衡发展。

四、深化家园合作，构建共育体系

在携手幼教同行发展的道路上，我们始终将家园共育作为重要一环。我们深知家庭是幼儿成长的第一所学校，家长是幼儿的第一任老师。因此，我们积极与家长建立密切联系，通过家长会、亲子活动、家访等形式加强与家长的沟通交流。同时，我们也向家长普及科学的育儿知识和方法，引导家长树立正确的教育观念和行为习惯。通过深化家园合作，我们构建了良好的共育体系，为幼儿的全面发展提供了有力支持。

总之，作为省级示范园和区域名园的我们将继续秉持开放、合作、共享的发展理念，充分发挥示范和辐射作用，携手幼教同行共同推动幼教事业的蓬勃发展。我们相信在未来的日子里会有更多的幼儿园加入我们的行列一起为孩子们的幸福成长撑起一片蓝天。

第二节　大爱无疆，云天义工行动显温情

心系公益，让更多的孩子受益于爱的教育，大爱云天义工团。承担送教下乡活动，多次邀请拉手园来园参加各类培训与研讨活动，为特殊教育儿童送温暖，庆云县 300 名孤儿的认领工作，对孩子从经济到课业学习给予辅导。

携手共进，促进了幼教的发展。

我带领云天的义工老师和孩子们开展了义务清理活动场地、植树、走进敬老院送温暖、为居民捡垃圾等，每周一次的家长学堂，让家长们从根本上意识到家庭教育的重要性，以及正确的家庭教育的方式方法

一、大爱义工志愿者服务活动

云天大爱义工志愿者服务活动，如同一缕温暖的春风，吹遍了社区的每一个角落，用实际行动践行着"大爱无疆"的崇高精神。这些丰富多彩的活动，不仅温暖了人心，更促进了社会的和谐与进步。

在晨光初照的清晨，云天大爱义工志愿者们已忙碌起来，他们首先为幼儿们精心清理活动场地。从打扫落叶到擦拭游乐设施，每一个细节都体现了他们对孩子们无微不至的关怀，确保孩子们能在安全、干净的环境中尽情玩耍，享受童年的乐趣。

与此同时，敬老院也迎来了云天大爱义工的温暖身影。他们带着精心准备的礼物和节目，与老人们促膝长谈，倾听他们的故事，为他们表演才艺，让孤独的心灵得到慰藉。这份跨越年龄界限的关爱，让敬老院充满了欢声笑语，也让老人们感受到了社会的温暖与尊重。

义务植树活动中，云天大爱义工志愿者们挥舞着铁锹，种下了一棵棵希望的树苗。他们深知，这不仅是在为地球增添一抹绿色，更是在为子孙后代留下一个更加宜居的家园。汗水浸湿了衣衫，但他们的心中却充满了对未来的美好憧憬。

文化艺术节开放活动上，云天大爱义工志愿者们成为幕后英雄。他们协助布置会场、维护秩序、引导观众，确保活动的顺利进行。当舞台上灯光璀璨，观众沉浸在艺术的海洋中时，他们却默默站在幕后，用实际行动支持着文化艺术的传承与发展。

此外，云天大爱义工志愿者们还深入居民区，开展捡垃圾活动。他们手持垃圾袋和夹子，穿梭在街巷之间，将散落的垃圾一一拾起。这一举动不仅美化了环境，更唤醒了居民们的环保意识，共同为创建美好家园贡献力量。

在家长学堂，云天大爱义工志愿者们还承担起了帮家长看孩子的重任。

他们耐心地陪伴孩子们玩耍、学习，为家长们提供了一个安心学习的环境。同时，他们还积极参与家访活动，深入了解孩子们的家庭情况和学习状况，为家长们提供个性化的家庭教育建议。

尤为重要的是，云天大爱义工志愿者们还定期为小学生辅导英语。他们运用生动有趣的教学方法，激发孩子们的学习兴趣，帮助他们克服学习难题。这种无私的奉献不仅提升了孩子们的英语水平，更在他们心中种下了热爱学习、积极向上的种子。

而每周一次的家长学堂则是云天大爱义工志愿者服务活动的又一亮点。在这里，志愿者们通过讲座、讨论等形式，向家长们传授家庭教育的知识和技巧。他们强调家庭教育的重要性，引导家长们树立正确的教育观念和方法，共同为孩子们的健康成长保驾护航。

云天大爱义工志愿者服务活动的每一项内容都充满了爱与关怀，它们如同一串串璀璨的珍珠，串联起了一个个温馨而感人的故事。这些故事不仅展现了志愿者们的无私奉献精神，更传递了社会的正能量和温暖。

大爱云天义工团的每一次行动，都是对"大爱无疆"这一理念的深刻践行。他们携手并进，用实际行动诠释了爱的力量，不仅促进了幼教事业的发展，更在社会中传递了正能量，激励着更多的人加入公益事业的行列，共同为构建更加美好的社会贡献自己的力量。

第三节　院园携手，爱心经营促联动发展

"院园携手，爱心经营促联动发展"这一理念，深刻体现了幼儿园与职业院校之间合作共赢、共同进步的和谐生态。在这一框架下，幼儿园与云天职业学院学前教育专业的紧密合作，不仅为学前教育专业的学生搭建了一个从理论到实践、从校园到职场的无缝对接桥梁，更推动了双方教育资源的优化整合与教育质量的同步提升。

一、深度合作，强化实操实训

为了培养出符合行业需求、具备扎实专业技能的学前教育人才，我作

为实训课程的设计者与执行者，深入研究幼儿园一线工作的实际需求，精心设计了一系列涵盖基础生活技能、教育教学技能及职业信念塑造的实训课程。从"桌子怎么擦得干净透亮，地怎么扫得无死角"等细微处着手，逐步过渡到幼儿园活动设计与实施、幼儿心理行为观察与分析等高级技能的培养。每周一节的实训课，不仅让学生们在模拟真实的工作环境中得到锻炼，更通过角色扮演、情境教学等多元化教学手段，激发他们的学习兴趣与职业热情。

二、专家引领，技能与理念并重

为进一步提升教学质量与学生的专业素养，我们积极邀请业界专家参与指导。赵春梅院长以其丰富的实践经验与深厚的理论基础，声情并茂地向学生们展示幼儿园工作的魅力与挑战，极大地增强了学生的职业认同感与归属感。同时，幼儿园派出的资深教师与职业院校的师生们面对面交流，手把手传授专业技能，使理论教学与实践操作紧密结合。此外，中国十大女中音歌唱家、花腔女中音陈冠馥老师的加入，更是为师生们带来了艺术的熏陶与灵感的启迪，拓宽了学前教育领域的视野。

三、创新机制，打造"培训＋安置＋跟踪指导"模式

为了保障学生毕业后能够顺利融入职场，我们创新性地提出了"培训＋安置＋跟踪指导"的联合发展之路。通过系统化的培训体系，确保学生掌握扎实的专业技能；依托幼儿园的广阔平台，为学生提供实习就业机会，实现学习与工作的无缝对接；同时，建立跟踪指导机制，对初入职场的学生进行持续的关注与支持，帮助他们快速适应工作环境，成长为优秀的学前教育工作者。

四、成果显著，推动教育改革与发展

学院内部教研会议的定期召开，不仅促进了教师之间的经验分享与学术交流，更为教学改革的深入实施提供了有力支持。特别是在"加强就业培训

提高就业与创业能力"定点培训机构项目的成功中标后，更是为我校在德州市区范围内开展广泛的就业创业培训及相关服务铺设了坚实的道路。这一重要成果，不仅拓宽了我校的社会服务功能，更为我校的创新创业活动、人才培养、教学改革、实习就业工作注入了新的活力与动力，标志着我们在教育事业的道路上迈出了坚实的一步。

第四节　口碑立基，社会各界共赞爱之果

一、梦想启航：爱之果童梦剧场与篮球小将的荣耀征程

在云天园内，一系列精心策划的童话剧演出、消夏艺术节专场以及春晚表演，如同一场场梦幻般的盛宴，不仅点亮了孩子们的童年，更在他们的心田播下了自信与梦想的种子。这些活动让孩子们在聚光灯下尽情绽放，收获了前所未有的自信与成就感，从而培养出了一批又一批自信大方、思维敏锐、心怀感恩、勇于展现自我且阳光活泼的孩子们。他们在各级各类舞台上的卓越表现，如同璀璨星辰，照亮了前行的道路，赢得了无数掌声与赞誉。

而我所倡导并亲力亲为的阳光体育小篮球活动，成为孩子们展现活力与团队精神的重要舞台。这项活动以其独特的魅力，吸引了无数热爱运动的孩子们参与其中。经过不懈努力与汗水浇灌，我们的小篮球队伍连续七年在全国健康杯篮球赛中独占鳌头，夺得了冠军的荣耀，这一连串的胜利不仅是对孩子们技能与毅力的肯定，更是对我们教育理念的最好诠释。

此外，在更为广阔的竞技舞台上，我们的队伍也展现出了非凡的实力与风采。在首届山东省体育大会上，我们大放异彩，斩获了 11 项冠军的辉煌战绩，充分展现了我们的竞技水平与团队精神。而在全国体育表演赛中，我们更是以全面的实力与出色的表现，赢得了 13 项亚军、11 项季军以及团体亚军的优异成绩，这些荣誉不仅是对孩子们辛勤付出的最好回报，也是对"爱之果"教育理念与实践成果的最高赞誉。

二、幼教新程·大爱领航

在这一持续奋进与成长的历程中，我们不仅赢得了上级领导的高度肯定与深切鼓励，也荣膺了多项殊荣，这些成绩如同璀璨的灯塔，照亮并激励着我们不断迈向前方的道路。我们深知，每一份荣誉都是对过往努力的认可，更是对未来征途的期许。

在深入推动云天幼儿园内涵式发展的宏伟蓝图中，我们坚定不移地以大爱精神为引领，自我鞭策，积极作为。通过精心设计的线上线下培训体系，我们已成功为来自山东省、德州市乃至庆云地区的众多园长与老师提供了近万人次的专业成长机会，有效促进了区域幼教质量的整体提升。

依托集团强大的资源整合能力，我们勇于创新，成功策划并举办了德州市云天幼儿教育集团成立大会，同时精心构建了一场旨在探讨幼教命运共同体建设的园长年会。这一盛会不仅标志着我们集团发展的新篇章，更成为全德州市幼教界交流思想、共享智慧的璀璨舞台。会上，我们分享了幼儿园管理的经典案例与实操经验，通过深入浅出的讲解与互动，使与会园长们深受启发，收获了宝贵的管理智慧与实践方法，赢得了市教育局领导、幼教专家及同行园长们的一致好评与高度赞誉。

展望未来，我们将秉持更加开放包容的心态，积极向全国范围内的园长、老师们学习，汲取先进的教育理念和管理经验。在幼教的广阔天地里，我们将不忘初心，砥砺前行，不断探索与实践，致力于为幼儿提供更加优质、多元的教育环境，为推动我国幼教事业的蓬勃发展贡献自己的力量。

后 记

　　幼儿园教育管理的五位一体——人、事、物、时、空，这五大要素紧密交织，构建起一个动态平衡、和谐共生的教育体系。它们不仅是幼儿园日常运营的基石，更是推动教育质量持续提升的不竭动力。在这一体系中，专业的管理是核心，它如同舵手引领航向，确保幼儿园的各项活动有序、高效进行；优质的教学则是灵魂，通过精心设计的课程与教学方法，激发孩子们的好奇心与求知欲；良好的环境是滋养成长的沃土，让孩子们在温馨、安全的空间中自由探索、快乐成长；科学的规划则是前瞻性的布局，为幼儿园的长远发展绘制蓝图；而无私的爱，则是贯穿始终的温暖纽带，连接着每一个孩子、教师和家长的心。

　　我们深知，爱与专业的深度融合，是成就优质幼儿园教育的关键。它能为孩子们构建一个充满欢笑与梦想的童年乐园，让他们的每一天都充满快乐与幸福；它也能为教师铺设一条通往职业巅峰的道路，让他们在教书育人的过程中实现自我价值，享受职业带来的成就感与满足感；同时，它更为家长们提供了科学、全面的教育服务，助力他们成为孩子成长路上的智慧伙伴。

　　选择了幼儿教育事业，就是选择了一份责任与使命。我们深知这份工作的重大意义，它关乎国家的未来、民族的希望，更关乎每一个家庭的幸福与安宁。因此，我们将以满腔的热情和坚定的信念，义无反顾地投身于这份事业之中，用我们的爱心与专业，为孩子们点亮前行的灯塔，为他们的未来奠定坚实的基础。

　　爱与专业融合，为孩子创设快乐幸福童年；

　　爱与专业融合，为教师打造精彩职业生涯；

　　爱与专业融合，为家长提供科学教育服务。

后记：中国式现代化幼儿园的未来展望

"中国式现代化幼儿园的未来展望"是一幅融合了传统文化精髓与现代教育理念，旨在培养全面发展、具有国际视野与民族文化自信的幼儿的宏伟蓝图。在这一愿景下，幼儿园不再仅仅是孩子们初步接触社会的场所，而是成为了他们梦想启航、品格塑造、能力培育的温馨港湾。

一、教育理念的现代化

未来的中国式现代化幼儿园将秉持"立德树人"的根本任务，融合东西方教育智慧，注重幼儿的全面发展。强调以幼儿为中心，尊重每个孩子的个性差异，通过启发式、探究式的教学方法，激发孩子们的好奇心和创造力。同时，注重情感教育和社会性培养，让孩子们在爱与尊重的氛围中学会合作、分享与同理心，为他们未来的社会生活打下坚实的基础。

二、教育内容的本土化与国际化

在课程内容上，中国式现代化幼儿园将深入挖掘和传承中华优秀传统文化，如诗词歌赋、传统节日、民间艺术等，通过生动有趣的方式让孩子们感受中华文化的博大精深，培养他们的民族自豪感和文化认同感。同时，积极引入国际先进的教育资源和理念，如 STEM（科学、技术、工程和数学）教育、全球视野教育等，拓宽孩子们的国际视野，提升他们的跨文化交流能力，为培养具有全球竞争力的未来人才奠定基础。

三、教育环境的智能化与生态化

随着科技的进步，未来的中国式现代化幼儿园将充分利用人工智能、大数据等现代信息技术，打造智能化、个性化的学习环境。通过智能教学系统，实现教学资源的精准推送和个性化学习路径的规划，满足不同孩子的学习需求。同时，注重幼儿园生态环境的营造，打造绿色、健康、安全的校园环境，让孩子们在亲近自然、了解生态的过程中，培养环保意识和可持续发展观念。

四、家园共育的深化

中国式现代化幼儿园的未来展望中，家园共育将扮演更加重要的角色。幼儿园将建立更加紧密、有效的家园沟通机制，通过家长会、亲子活动、在线平台等多种形式，促进家长与幼儿园之间的深入交流与合作。鼓励家长积极参与孩子的教育过程，共同为孩子的成长营造良好的家庭和社会环境。

五、社会责任的担当

最后，中国式现代化幼儿园将积极履行社会责任，成为社区文化的传播者和公益事业的参与者。通过组织各类公益活动、志愿服务等，引导孩子们关注社会、关爱他人，培养他们的社会责任感和公民意识。同时，与社区、企业等社会各界建立广泛的合作关系，共同为孩子们的成长创造更加有利的条件。

总之，中国式现代化幼儿园的未来展望是充满希望与挑战的。我们期待在未来的日子里，通过不断探索和实践，为孩子们打造一个更加美好、更加适合他们成长的教育环境。

本书旨在通过五位一体的管理体系，深入探讨和实践中国式现代化幼儿园的教育管理策略，旨在培养具有中华名族烙印、适应未来世界环境变化的中国人与世界人。通过理论与实践的紧密结合，本书不仅为读者提供了全面的管理框架，也为中国的幼教事业提供了宝贵的经验与启示。

庆云云天幼儿园陈霞

2024 年 3 月